Arturo Farinelli

Spanien und die spanische litteratur im Lichte der deutschen

Kritik und Poesie

Arturo Farinelli

Spanien und die spanische litteratur im Lichte der deutschen Kritik und Poesie

ISBN/EAN: 9783743688117

Hergestellt in Europa, USA, Kanada, Australien, Japan

Cover: Foto ©ninafisch / pixelio.de

Weitere Bücher finden Sie auf **www.hansebooks.com**

Spanien

und

die spanische Litteratur im Lichte

der

deutschen Kritik und Poesie.

Von

Dr. Artur Farinelli.

I. und II. TEIL.

BERLIN 1892.

Druck und Verlag von A. Haack, NW., Dorotheenstr. 55.

Vorbemerkung.

Seit dem schönen Aufsatze von Adolf Ebert in der „Deutschen Vierteljahrsschrift" von 1857 II. Heft: „Litterarische Wechselwirkungen Spaniens und Deutschlands" hat Niemand den Gegenstand, welcher hier besprochen werden soll, mit den Hilfsmitteln der neuesten Forschung, bis in alle Einzelnheiten behandelt, wenn auch Einiges durch die Jubelfeier Calderons am 25. Mai 1881 zu Tage gefördert worden ist.

Mein Versuch ist nicht erschöpfend. Er wurde mit unzulänglichen Mitteln, in Zürich, wo spanische Bücher schwer aufzutreiben sind, unternommen. Vielleicht auch muſs ich zur Ueberzeugung gelangen, mich an einer Arbeit abgemüht zu haben, der ich nicht gewachsen war. Vermag ich jedoch aus meiner kleinen Schrift etwas zu retten, so ist es sicher die Liebe, welche ich als Italiener für die spanische und die deutsche Litteratur genährt habe und immer nähren werde.

Den Herren Professoren Morf und Bächtold bin ich für ihren Rat, für ihre Aufmunterung und für die wertvollen Beiträge, welche sie mir bei der Korrektur geliefert haben, zu groſsem Danke verpflichtet. Mein Freund, Dr. Hans Bodmer, hatte die Liebenswürdigkeit, mein holpriges Deutsch zu bessern. Unvergeſslich bleibt mir auch die Bereitwilligkeit, welche mir in der Stadtbibliothek zu Zürich und in der königlichen Hof- und Staatsbibliothek zu München entgegengebracht wurde.

Zürich, Mai 1890.

NB. Verschiedene Umstände, vor allem ein volles Jahr Militärdienst, das ich in Italien habe absolvieren müssen, haben den Druck dieser Arbeit, zwei Jahre nach ihrer Vollendung, verspätet.

Ich benutzte, so weit ich konnte, die neu erschienenen Schriften, um meine Untersuchungen zu erweitern und zu bessern und gestehe jedoch, daſs mir vieles entgangen und daſs vieles noch über das wichtige Thema geschrieben werden kann. Der Liebenswürdigkeit und Zuvorkommenheit des Herrn Professor Alfred Morel-Fatio, dessen Name vor meiner kurzen Abhandlung steht und von allen Forschern der spanischen Litteratur mit Achtung und Verehrung genannt wird, schulde ich einige der wichtigsten Ergänzungen.

Paris, Februar 1892.

Index des I. und II. Teils.

Von den alten germanischen Stämmen, welche durch ihre Wanderungen die antike Welt abschlossen, und das germanische Blut mit dem romanischen vermischten, waren es nach den Franken die Westgothen, welche am längsten ihr Reich festzuhalten vermochten. Bis zum Jahre 711 blieb Spanien in ihrem Besitz. Die Geschichte erzählt von der Weisheit ihrer Könige, von der Klugheit ihrer Gesetzgebung. Es schien als ob dies friedliche Leben zwischen Herrschern und Untertanen, das nur durch den Ehrgeiz und durch die Zänkereien der Grofsen gestört wurde, kein Ende nehmen sollte, als plötzlich die Araber ins schöne Land eindrangen und nach der Schlacht bei Guadalete sich als neue Herrscher in der iberischen Halbinsel festsetzten.

Die Erinnerung an diesen vergangenen Glanz lebte lange in der deutschen Sagendichtung. Schon am Ende des 10. Jahrhunderts besang Ekkehard der I. im „Walthari Lied" die Taten Walthers von Spanien. Walther ist vielleicht ein westgothischer Held. Nach mühsamen und ruhmreichen Wanderungen kehrt er in seine Heimat zurück und gründet das westgothische Reich in Gallien und in Spanien. — Im „Nibelungenlied" erscheint Walthari wieder. Er ist der Freund Hagens. Auch in anderen Sagencyklen, im „Biterolf", im „Rosengarten" in „Alphardts Tod" und in „Dietrichs Flucht" ist von Walther von Spanien oft die Rede.

Das wirkliche Spanien aber, das Land der romantischen Sehnsucht, blieb den Deutschen das ganze Mittelalter hindurch unbekannt. Solange die Araber im Lande herrschten, hatte Spanien keine eigentliche Bedeutung als Nation. Es sollte zuerst jene heldenmütige Schar Christen, welche im Norden der Halbinsel an den Fufs der Pyrenäen geflüchtet war, ihr Vaterland Stück für Stück den Musulmanen abge-

1

winnen, es sollte Granada zurückerobert werden, Columbus sollte im gleichen Jahre 1492 eine neue Welt entdecken, welche dem Scepter der kastilischen Könige gehorchen mufste, bevor Spanien, stolz auf seine Macht — eine politische und litterarische Rolle spielen konnte. Dann stellte es sich aber auch an die Spitze aller Völker, und Kaiser Karl V. und seine Nachfolger träumten eine Universalmonarchie, unter ihrer Leitung. Alsdann lernte auch Deutschland Spanien kennen.

I.

Etwas von den litterarischen Schätzen der spanischen Lateiner gelangte als gelehrter Stoff nach Deutschland und wurde dort, wie überall, in neuen weitläufigen Abhandlungen von den Mönchen bearbeitet. Isidor von Sevilla war eine unerschöpfliche Quelle. Er beherrschte die ganze klösterliche Gelehrsamkeit des Mittelalters. Mit ihm lieferte der Spanier Orosius am meisten Material zu neuen gramma-tikalischen und geschichtlichen Werken. Nachdem die Wut des Paraphrasierens aufgehört hatte, konnte Spanien sich rühmen, teilweise durch seine vortrefflichen Schulen in Córdova, Sevilla, Toledo, und vollends durch die „Disciplina clericalis“ des Petrus Alphonsus, als Vermittler zwischen Morgen- und Abendland gedient zu haben. So strömte die orientalische Symbolik, die Allegorie, die moralische Belehrung in Form von Novellen und Beispielen nach Deutschland, fast ebenso zahlreich, wie nach Frankreich selbst. Drei Fabeln seines „Edelsteins“ entlehnte noch Ulrich Boner um die Mitte des 14. Jahrhunderts dem Werke des Petrus Alphonsus*). Der „Disciplina“ entnahm um 1480 Heinrich Stainhoevel einige Schwänke für seinen „Esopus“ **).

Dafs sich die Deutschen um die Ereignisse in Spanien Jahrhunderte lang gar nicht bekümmerten, kann uns nicht wundern. Eine tiefe politische Kluft liefs beide Länder getrennt. Zwar hatte Kaiser Otto I. um 953 zur Regierungszeit Abderrahmanns III., des mächtigsten Herrschers über Spanien unter den Omejaden, eine Gesandtschaft dieses Kalifen empfangen und erwidert. Der Mönch Johannes von Gorze hatte seine gefährliche patriotische Reise nach Córdova unter-

---

*) Nr. 71, Nr. 74, Nr. 76 der Ausgabe Pfeiffers. Leipzig, 1844.
**) Stainhoevel verdeutschte auch 1472 das „Speculum Vitae humanae“ des Roderici Zamorensis. Vgl. Goedecke Grundrifs B. I S. 370. — Stainhoevels „Aesop“ wurde auch ins Spanische übersetzt. Die 2 ältesten Ausgaben davon sind die von Zaragoza (1484) und Burgos (1495). Vgl. H. Knust, Stainhövels Aesop in „Zeitschrift f. deutsche Philologie.“ XIX, 206 ff.

nommen. Er rettete mit Mühe sein Leben und beschlofs scheinbar Nichts mit dem Kalifen*). 1152 hatte sich eine Prinzessin deutschen Blutes mit dem König Alfons VII. von Kastilien vermält**). Ein Jahrhundert später war Alfons X. „Sabio" in der Litteratur, aber schwach, unklug und unglücklich in politischen Geschäften, nach dem Tode des deutschen Königs Wilhelms (1255), durch den Erzbischof Arnold von Trier eifrig getragen, am 1. April 1257 zum König der Deutschen ernannt worden. Er teilte die Regierung mit einem zweiten König der Deutschen, mit Richard von Kornwall (13. April 1257 gekrönt), aber er kümmerte sich um die fremden Untertanen noch viel weniger als der englische Monarch, überliefs die Fürsten ihren Fehden und betrat den deutschen Boden nie***). Er war in Spanien gequält genug.

Italien weit mehr als Spanien mufste die Deutschen beschäftigen. Wollten Deutsche die Liebe zum Fremdartigen befriedigen, so zogen sie gerne ins römische Reich, ins Land der Päpste. So tat es Thomasin von Zirclaria, so auch der gröfste der Minnesänger Walther von der Vogelweide†). Spanien lag auch zu ferne und bot dem streng sittlichen und religiösen Germanen nichts anderes als einen Wahlfahrtsort für seine Andacht: die Reliquienstadt Sanct Jacob von Compostella. Sonst begnügte man sich damit, von den Namen einiger spanischer Städte im „Rolandslied" des Pfaffen Konrad zu hören, die man erst noch auf dem Umweg über Frankreich erfuhr, wo Sibilie (Sevilla), Corders (Córdova), Sarraguz (Zaragoza), Tortolose (Tolose) erwähnt werden. Mehrere Lokalitäten in der Gralsage, im „Parsifal" Wolframs von Eschenbach wie Munsalvaesch, Salvaterre, Zazamanca (Salamanca), Azaguz (Zaragoza) u. s. w. deuteten ebenfalls nach Spanien. Man erzählte sich von „Flore und Blanscheflur, wie sie, nach ihren bitteren Lebens- und Liebesschicksalen glücklich über Spanien herrschten, von den Greueltaten des Königs Anthenor aus Hispanien im „Malagis" und von der Treue des Spaniers Gaudin in „Partonopier und Meliur" Konrads von Würzburg. Konrad von Stoffel erlaubte sich den Spafs, seinen Genossen anzugeben, dafs ein in Spanien erworbenes Buch als Vorbild zu seinem „Gauriel" gedient habe. Es war natürlich eine

---

*) Vgl. Giesebrecht. Geschichte der deutschen Kaiserzeit B. I. T. II. S. 504 ff.
**) Giesebrecht B. V. S. 18.
***) Vgl. Raumer. Geschichte der Hohenstaufen und ihrer Zeit IV. B. Leipzig 1841 S. 364 ff.
†) Vgl. den Aufsatz v. Boner: „L'Italia nell'antica letteratura tedesca" zuerst in „Il Momento" von Palermo 1884 Nr. 18, dann in „Nuova Antologia" 1887 Juni.

Fabel, und Lafsberg hat sie in guten Treuen geglaubt, als er (im Liederbuch II B. S. XLI) die Abenteuer Konrads beschrieb und erfand*). Im allgemeinen waren es nur die Pilger, welche die mühsame und lange Reise nach Spanien zu unternehmen wagten. Ihr Ziel war die Grabstadt Santiago, und es ist zu vermuten, dafs schon zur Zeit der Kreuzzüge diese Pilgerfahrten in Deutschland, wie in Frankreich und Italien, vorgenommen wurden. Seit dem 11. Jahrhundert war der Weg für die Jacobspilger angelegt und in Deutschland gab es damals schon Hospize für Jacobsbrüder**). Aus dem 15. Jahrhundert sind einige Reiseberichte von den deutschen Wallfahrten nach Compostella erhalten. Ein Hermann Kunig von Nahe erzählt in der Vorrede zu seinem 1520 in Nürnberg erschienenen Buch: „Die Strafs zu Sanct Jacob in warheyt gantz erfaren" : „Im Jahre 1430 pilgerte Jobst Keller, Bürger zu Augsburg, in Folge eines in grofser Lebensgefahr getanen Gelübdes nach S. Jago de Compostella, ohne selbiges finden zu können. Drei Jahre darauf machte er diese Wallfahrt zum anderten Male, gieng aber dabei so oft irre, dafs er erst am Ende des fünften Monats das Ziel seiner Reise erreichte"***). Wenn es jedem frommen Pilger ungefähr so erging, wie diesem Jobst Keller, so begreift man, dafs ihm in diesem fremden Land die Liebe zu jeder Betrachtung vergehen mufste und ihm nur die Zeit übrig blieb, das dem heiligen Jacob getane Gelübde zu lösen und den Rückweg zur Heimat einzuschlagen. Von der Cidgeschichte und Cidlegende wissen die Pilger jener Jahrhunderte nichts. Wenn der Weg durch Burgos (Burges) führt, so wird als grofse Seltenheit „die seul, daran man den spitelmeister erschossen hat, der vierthalbhundert bruder vergeben (d. h. vergiftet) hat" bemerkt†). Das Volk in Deutschland sang bald ein sogenanntes „Jacobslied", welches oft zu Parodien Anlafs gab. Die erste Strophe des von Jodocus von Brand komponierten Liedes lautet folgendermafsen:

*) Jeitteles in „Germania" B. VI. S. 387 bezeichnet die Auseinandersetzung Lafsbergs als ein Phantasiegebilde „dem jede reale historische Grundlage fehlt".
**) Vgl. den Artikel über Jacob und Jacobsbrüder in Grimm: Deutsches Wörterbuch.
***) Vgl. Uhland: „Sanct Jacobs Lied" im IV. B. seiner Schriften S. 315 f., der aus Hormayrs „Taschenbuch für vaterländische Geschichte" Jahrgang 1837 S. 168 ff. weitere Nachrichten schöpft. Darin S. 169 das Verzeichnis der Städte, welche die Sanct Jacobspilger bei ihrem Hin- und Rückweg durchwandern mufsten.
†) Uhland. 1. c. S. 317.
— Weitere gleichzeitige Nachrichten von deutschen Pilgern nach S. Jakob vernehmen wir aus den: „Andanças é viajes de Pero Tafur por diversas partes del mundo avidos" im VIII B. der „Coleccion de libros Españoles raros ó curiosos" Madrid 1874 public. por M. Jimenez de la Espada.

> Wer das ellend bawen well
> der heb sich auf und sei men gsell
> wol auf Sanct Jacob Strafsen!
> Zwei bar Schuch die mufs er han
> ein Schüssel bei der Flaschen*).

Diese merkwürdige Reise Tafurs fällt in die Jahre 1435 bis 1439. In Koblenz Covalencia) sieht Tafur (II. Teil S. 239) „unos castillos é torres del señor de Hanesberque, que es un cavallero que vino en romeraje á Santiago é fué preso é levado á Burgos, fasta que ciertos mercaderes de Burgos, que fueron presos en Alemania él los truxese en Castilia, é ansí lo fizo, é fué delibrado de la prision". Tafur machte in Nürnberg Bekanntschaft mit dem berühmten Kanzler Kaspar Schlick, welcher (wie Espada in seinem „Catálogo biográfico II. Teil S. 553 berichtet) im Jahre 1430 mit anderen deutschen Rittern eine Pilgerfahrt nach Compostella antrat, den castilischen Hof besuchte und vom König Don Juan II. sehr höflich behandelt wurde

Die Reise durch Deutschland (1438—1439) bildet den anziehendsten Teil des Buches Tafurs. Der Spanier traf oft mit vielen seiner Landsleute besonders mit hohen Geistlichen zusammen. Er kam in Basel zur Zeit des Concils an und bemerkt (II. Teil S. 233) „por causa quel concilio estava allí ayuntado" „tantos de pobres, quellos solos finchirian una grant cibdat". — Von Basel reist er nach Strafsburg, nach Mainz, nach Köln. Er bewundert hier den Rhein (S. 239) „E esta es sin dubda la mas fermosa cosa de ver del mundo, la ribera del Rin, de un cabo é de otro tantas villas gruessas, é tantas cosas notables, é tantos castillos, é tan espesos, que a onbre vergüença de lo dezir." — Von den Deutschen berichtet Tafur (S. 243) sie seien: „gente muy sotil, mayormente en estas artes, que dicen mecánicas. —

In Constanz sah er (S. 267) „la mas fermosa muger que jamas vi nin espero ver". — Von allen Gegenden, welche Tafur besucht, pflegt er zu berichten, dafs sie zu den schönsten in der Welt gehören. — Er wird einmal gefangen, sonst findet er überall die freundlichste Aufnahme. —

Von Tafurs Reisen im deutschen Reiche gab Konrad Haebler in der „Zeitschrift für Allgemeine Geschichte" Stuttgart 1877 IV. B. S. 582—529 eine treffliche deutsche Übersetzung, leider ohne das spanische Original anzugeben.

Vgl. auch einen Artikel von A. Weber: „Eine Reise durch die Schweiz im XV. Jahrhundert im Sonntagsblatt des „Bundes" 1876 S. 314 ff. und „Ausland", 20. Juni 1881 und C Desimoni: „Pero Tafur, i suoi viaggi e il suo incontro col Veneziano Nicolò de Conti" in Atti della società Ligure di Storia patria. B. XV (1881).

*) Uhland a. a. O. S. 310.

— Vgl. auch Ph. Wackernagel: Das deutsche Kirchenlied von der ältesten Zeit bis zu Anfang des XVII. Jahrhunderts. Über die Jakobslieder III B. Leipz. 1870 S. 531 ff. Die 2. Strophe von Nr. 582 heifst:

> Den weg den er nun wandern sol,
> der ist ellend vnd trubsall voll,
> das nemet wol zu hertzen:
> Freüd vñ lust fert gar dahin
> bleybt nichts dann leyden vnd Schmertzen.

— Unter den vielen Parodien des Jakobsliedes hat sich auch eine erhalten, welche von einem Spanier Ivo de Vento komponiert wurde. Sie fängt an (Uhland S. 314)

Die „zwei bar Schuch" sollten die Pilger an die lange Reise mahnen*).

Im Anfang des 15. Jahrhunderts hatte der vielgeprüfte Dichter Oswald von Wolkenstein einen grofsen Teil Spaniens durchreist.

In Franchreich,
Yspanien, arrigûn, castilie, engelandt,
denmarch, sweden, beheim, ungern, dort
in pullen, und afferen,
in cippern und cecilie,
in portugâl, grânâten, soldons krön
die sechzeh | e | n künigreich
hab ich umbfarn, und versuecht**).

Oswald war kein frommer Pilger, dem eine Reise nach Sanct Jakob oder nach dem heiligen Lande die Seligkeit verschaffen sollte. Nicht beten, sondern kämpfen wollte er. Sein ritterlicher, abenteuerlicher Geist trieb ihn in die Fremde, um tätig zu wirken und um Begeisterung zu suchen. Am liebsten hielt er sich in Castilien und im Königreich Granada auf. Er wurde überall mit grofser Freundlichkeit empfangen und beabsichtigte sich in einer Flotte gegen die Mauren in Afrika einzuschiffen.

Kulturgeschichtliche Nachrichten von den bereisten fremden Ländern giebt Wolkenstein nicht und wir erfahren weit mehr über Spanien aus den Reiseberichten zweier anderen Deutschen, eines Georg von Ehingen und eines vornehmen Böhmen, des Barons Leo von Rožmital und Blatna. Beide reisten in stürmischen Zeiten für Spanien, als das Land durch innere Kriege, durch den Aufstand der Grofsen geteilt und zerrissen war. Die Reise Ehingen's durch Spanien fällt im

---

Wer doch das ellend bawen wil,
der mach sich auf und hart und spil
und zech mit schönen frawen!
hat er kein gelt im seckel mehr,
das ellend mufs er bawen.

Ivo de Vento war 1568 Hoforganist, seit 1570 Kapellmeister in München und scheint sich vollkommen germanisiert zu haben. Über seine Lieder vgl. Goedecke Grundrifs B. II S. 47 f. — Über die späteren Jakobslieder. Goedecke Gr. II S. 180. — Joh. Georg Jacobi machte die Pilgerfahrten nach S. Jakob lächerlich in einem einaktigen Schauspiel: Die Wallfahrt nach Compostel.

*) Dafs die Fahrt nach Sanct Jakob zu legendenartigen Erzählungen Anlafs gegeben hat, ist leicht begreiflich. Vgl. die Legende von den Jakobsbrüdern von Kunz Kistener und dessen Bearbeitung durch Pamphilus Gengenbach bei Goedecke: Pamphilus Gengenbach Hannover 1861 S. 630 ff.

**) Vgl. die Gedichte Oswalds von Wolkenstein hrg. von Beda Weber S. 221.

Jahre 1457, die von Rożmital in 1466. Ehingen hat seine Eindrücke selbst niedergeschrieben, Rożmital reiste als grofser Herr, mit grofser Pracht, mit grofsem Gefolge; zum Schreiben hatte er seine Sekretäre. Über seine Reise sind uns die Berichte zweier Deutschen unter seinem Geleite erhalten worden, eines Schaschek (seine Beschreibung aber hat sich mit der Zeit verloren, wir besitzen nur eine lateinische Übersetzung davon von einem Stanislaus Pawlowski) und des Nürnbergers Patriziers Gabriel Tetzel.*) Ehingen und Rożmital waren beide viel gereist. Sie hatten aber ganz verschiedene Lebensaufgaben und verfolgten in ihren Reisen verschiedene Zwecke. Der erste durstete nach Abenteuern etwa wie der Dichter Oswald von Wolkenstein, er wollte handeln und für seinen Glauben kämpfen; der zweite war ein behaglicher, grofser Aristokrat, der Schwager des Böhmenkönigs Georg von Podiebrad, dem das Reisen eine angenehme und lehrreiche Zerstreuung war. Die Fürsten und Könige überhäuften ihn mit Schmeicheleien, schenkten ihm ihre ritterlichen Orden, gaben ihm schöne Empfehlungsschreiben und Geleitsbriefe mit Hülfe derer er überall mit Sicherheit reisen dürfte „majoris experientiae gratia," wie es dort ausdrücklich geschrieben wird, „et ut ex moribus diversorum regnorum meliorem vitae frugem, probatioremque militarem normam sibi comparare valeat." Ehingens Itinerarium ist trocken, der Mann der Tat spricht aus den Zeilen, bedeutend länger dagegen, reich an kulturhistorisch interessanten Betrachtungen jeder Art, geschmückt mit Legenden und Sagen und ritterlichen Erzählungen und mit mehr

---

*) Das Itinerarium oder die historische Beschreibung der Reise Ehingens mit den Bildnissen der Fürsten deren Hof er besuchte (in Kupfer gestochen) wurde in Augsburg 1600 gedruckt — 1842 besorgte die litterarische Gesellschaft von Stuttgart einen zweiten Druck von dieser Reise: im I. B. der Bibliothek des litter. Vereins 1843: „Des schwäbischen Ritters Georg von Ehingen Reisen nach der Ritterschaft. — Rożmitals Reise durch Schaschek in der lateinischen Übersetzung Pawlowskis erschien 1577. Diese und Tetzels Bericht wurden im VII. B. der „Bibliothek des litterarischen Vereins" Stuttgart 1844 durch Schmeller herausgegeben.

1) De Leone Rosmital nobilis Bohemis itinere per partes Germaniae, Belgii, Britanniae, Franciae, Hispaniae, Portugalliae atque Italiae annis 1465—1467 suscepto Commentarius coaevius (S. 1—142).

2) Des böhmischen Herrn Leo's von Rożmital Ritter-Hof- und Pilger-Reise durch die Abendlande 1465—1467 beschrieben durch Gabriel Tetzel von Nürnberg (S. 145—212). Eine spanische Übersetzung der Stellen aus den drei Reiseberichten, welche Spanien betreffen, mit einer guten Einleitung dazu findet sich im VIII. B. der „Libros de antaño, nuevamente dados á luz por varios aficionados: Viajes de Einghen, Rosmithal, Guicciardini y Navagero traducidos por D. Antonio Maria Fabié Madrid 1879.

oder weniger glaubwürdigen Angaben über die historischen Ereignisse jener Zeit, sind die Reiseberichte der Begleiter Rožmitals. Ehingen hatte einen Gefährten auf seiner Reise, den Salzburger Jörg von Ramsyden. Sie hatten den Hof Frankreichs verlassen um an einer Expedition gegen die Mauren in Granada teilzunehmen. Sie kamen zu spät in Spanien an, blieben zwei Monate in Navarra „uns ain zyt da enthalten" und waren am Hofe gern gesehen, vom König reichlich beschenkt. „Der küng hielt uns wol und liesz vil kurtzwyl mit jagen, dantzen, banketen und andern fröden machen." Der Krieg der Portugiesen gegen Ceuta setzte unsere Deutschen wieder in Bewegung. Sie gingen zuerst nach Burgos (Burschosz), von da durch einen gefährlichen Weg nach Santiago. Bei Finisterre schifften sie sich nach Portugal ein. Dort übernahm Ehingen das Kommando über eine Truppe von trefflichen Soldaten, worunter sich auch solche befanden, welche Deutsch verstunden und Deutsch sprachen.*) Die Nachricht, dafs der König von Spanien einen Zug gegen die Mauren beabsichtigte, bewog unsere Reisenden wieder nach Spanien zurückzukehren. Sie machten 1457 den Feldzug gegen Granada mit und blieben ein Monat und „etlich tag" in der Umgebung der maurischen Stadt. Ehingen wurde „mit ainer stabschlingen geworffen uff ain schinbain gar hart wund," benahm sich dennoch tapfer. Er giebt Nachrichten über den Krieg und spricht von einer fabelhaften Anzahl von Toten. „Mir hetten mangen ernstlichen scharmitzell mit inen, zweu tag nach ain ander, bisz mir ire huffen überschlügen; und wurden (uine, dasz) 50,000 haiden, darunter 50,000 Schützen weren." Zwei

---

*) Ehingens Tapferkeit bei der Belagerung von Ceuta bezeugt der Nürnberger Arzt Hieronymus Münzer (welcher auch Spanien und Portugal Ende des 15. Jahrhunderts besuchte) in seinem „Itinerarium". „Erant autem octo centum christiani in civitate inter quos duo Alemani unus Georgius de Echingen ex comitatu de Wirtenberg, miles Jerosolimis factus, alter dominus Georius Ramseidner ex Salzburga. Qui strenue militantes, scilicet Georius enim de Echingen quendam Saracenum equitem fortissimum suo gladio per medium divisit et ei gladium abstulit, alium portugalensibus relinquens etc. . .
Ich kenne das „Itinerarium" Münzer's, das in einer Münchner Handschrift (Cod. lat. 431) bewahrt wird leider nur aus den Extrakten, welche Dr. Friedrich Kunstmann im 7. B. der „Abhandlungen der hist. Klasse der bayerischen Akademie" (1853) in dem Aufsatz: „Hieronymus Münzers Bericht über die Entdeckung der Guinea mit einleitender Erklärung" mitteilte. (S. 296 ff.) — Münzer hatte seine Reise mit drei jungen Kaufleuten aus seiner Heimat unternommen. Aus seinem Berichte vernehmen wir, dafs schon Ende des 15. Jahrhunderts eine Schar von Deutschen aus allen Ständen: Kriegsleute, Kaufleute, Buchdrucker, Künstler und Mönche sogar Spanien bewohnten. Für die Kunstgeschichte wichtig sind die Berichte, welche Münzer über die Erzeugnisse deutscher Kunst in Spanien (in Valencia, Zaragoza u. s. w.) giebt.

weitere Monate blieben noch Ehingen und sein Gefährte in Spanien, der König amüsierte sie und ehrte sie mit „banketen, dantzen, jagen, rennen der jenneten u. s. w., und gab ihnen „sine orden geselschafften namlich die Ischpanische" zum Abschied, 300 Dukaten dazu und beiden ein schönes Pferd. „Also schieden wir erlich, loblich und nützlich von disem kristenlich küng Hainrichen." Nach einem kurzen Aufenthalt in Portugal verliefsen unsere Deutschen Ende 1457 die iberische Halbinsel. Die Rückreise hatte sie nach Zaragoza geführt. Dort entledigten sich des schönen „guldin duoch und ettlichen samal" am Ritterorden, dafs ihnen vom König von Portugal geschenkt wurde und erhielten dafür 500 Dukaten.

Nicht so geschwind und mit keinen kriegerischen Gedanken reiste Rožmital mit seinem Gefolge durch Spanien, acht Jahre nach Ehingen. Von Bayonne kamen sie nach Fuentarrabia in die Vizcaya, wo ihnen die seltsame Tracht der Einwohner, der Frauen insbesondere „faeminas et puellas capite raso incedentes" auffiel. Der Entrichtung eines Gebühres an der Brücke auf dem Cadaña (Cadecum) bei Balmaseda wiederstrebten sich die Deutschen, man bedrohte sie an dem Leben, sie bezahlten, gingen nach Villasana, eine Ortschaft wo Christen und Juden miteinanderleben, von da nach Medina del Pomar und nach Burgos. Burgos ist eine schöne und grofse Stadt (elegans et ampla), wundervoll ist der Tempel „in quo tabula altari praetensa, pulcherime depicta, et artificiosissimo opere coelata visitur" etc. Ebenso schön sind die Klöster. Rožmital hat fleifsig alle Kirchen und heiligen Orte auf seinem Wege besucht, sie waren alle prächtig gebaut (in der Tat war damals der Barok und die überladene Ornamentik eines Berruguete und Konsorten in Spanien noch nicht eingeführt), sie enthielten alle kostbare Statuen und seltene Reliquien. In der Nähe von Burgos lag das Kloster, das ein Bischof jüdischer Herkunft und der doch von der Genitricis Dei abstammte, gründete. Der Bischof war selbst in Böhmen gewesen und hatte dort die ritterliche Würde erhalten. In diesem Kloster lag der berühmte Leichnam Christi (El. Christo de Burgos) und Schaschek und Tetzel erzählen beide die Legende von seiner Auffindung. In Burgos taten die Bürger schreibt Tetzel „meinem herrn gar gross eer" „und schenkten meinem herrn mitten in der Stat auf dem markt ein gejeid mit wilden ochsen" (Schaschek: Spectavimus etiam in ea urbe venationem taurorum efferatorum, quos canibus venaticis capiunt). Ein mächtiger Graf bat Rožmital ihn in seine Wohnung zu besuchen „und het jm schön junkfrauen und frauen geladen, die sein ser kostlich gekleidet auf den heidnischende türkischer schlag und ist auch vast

mit allem wesen mit trinken und essen auf den heidnischen Sitten gericht. Die frauen und junkfrauen tanzen gar kostlich tänz auf die
heidnischen mainung, und sein all braune weiber, und schwartz augen
und essen und trinken wenig und sehen die landfarer gern und haben
die Teutschen lieb." — Sie fuhren weiter nach Lerma, Roa und Segovia, „also das wir manche tagreis ritten, und so wir kamen zu
märkten oder dörfern, so wolt man uns nit beherbergen." Das Essen
ist überall teuer und überdies sehr schlecht, kein Fleisch ist zu finden
als sonst „geiss". Das Brot mußten sie selbst backen. „Wolt wir
dann trinken . . . so gab man uns dann einen wein, der was uber
die berg auf den maulern gefuert worden in den geisshäuten und
badwarm."*)

In Segovia sahen sie den König und Rožmital wurde mit Ehre
empfangen und bewirtet.**) Ein schönes Kloster in Segovia mit herrlichen Skulpturen, besonders aber der Alcázar mit den Statuen aller
spanischen Könige „aus echtem Golde" fesselte die Augen der Fremden
(S. 68). Den berühmten Aquedukt sahen sie als Brücke an und
Schaschek erzählt von ihrer wunderbaren Entstehung, die man dem
Teufel verdankt: „Id accidit antequam nos eo venissemus", fügt er
aber hinzu. In Olmiedo, der gewöhnliche Aufenthaltsort des Königs
rang der starke Johann Zehrowitz aus dem Gefolge Rožmitals mit einem
Spanier. Ein Mal trug der Böhme den Sieg davon, ein zweites Mal,
und zwar vor dem König, siegte der Spanier. „Und herr Jan," sagt
Tetzel, „wolt nimmer mit jm ringen, wann er was jm vil zu stark und
was ein kurzer dicker man". Der Baron erhielt vom König den Ritterorden de la Banda und ein Geleitbrief, dafür mußte er die Plagereien
der Einwohner in Olmiedo ertragen. Diese Leute, sagt Schaschek,
sind schlimmer als die Heiden selbst, sie haben keine Religion, sie
knien nicht im feierlichsten Punkt der Messe (stantes permanent, tan-

---

*) Ganz ähnliche Klagen bei anderen Reisenden durch Spanien. So schreibt
Camillo Borghese in seinem Diario im Jahre 1594 (ediert von Morel-Fatio) „oltre alli allog-
giamenti cattivi, si ha vino che sa di pece, il quale a noi altri, che non vi siamo
avvezzi, dispiaceva si fattamente che piu tosto ci compiacevamo del acqua." Vgl. H.
Morel-Fatio L'Espagne au XVI et au XVII siècle. Heilbronn 1878 S. 176. Martin Zeiller
in seinem Itinerarium (Vgl. S 41.) sagt von den spanischen Weinen, daß sie „nach dem
Leder stinken, weil sie (die Spanier) den Wein nicht in die Fässer sondern in Schwein-
haut einflossen." — Desgleichen Neumaier Reise durch Welschland und Hispanien.
Leipz. 1822 S. 593.

**) Freilich, nach Tetzels Zeugnis, wurden unsere Deutschen beim Abschied vom König
nicht gar glänzend beschenkt. „Der Kunig", sagt Tetzel, „thet meinem herrn gantz kein
eer: er schankt jm nit, so löst er jn nit auss der herberg".

quam bruta animalia). In Olmiedo wohnten die Deutschen einer ganz barbarischen, von keinem Geschichtsschreiber noch angeführten Art von Hinrichtung bei. Wird ein Rebell nobler Herkunft zum Tode verurteilt, so führt man ihn in seinem Prachtkleid auf den öffentlichen Platz, und markiert auf seine Brust ein Treffzeichen. Es darf ein jeder auf ihn schiefsen. Wer trifft, bekommt vierundzwanzig maravedis, wer den Schufs fehlt, bezahlt ein goldenes Castellano. Der Diebstahl wird streng bestraft, es genügt, dafs einer eine blofse Münze entwendet um sofort aufgehängt zu werden. In Cantalapiedra besucht Rožmital einen Einsiedler, den man für den König von Polen hielt, dann fährt er nach Salamanca weiter. Es waren damals schöne Zeiten für die Salmantinische Hochschule, die Reisenden rühmen sie und fanden dort eine grofse Anzahl Studierender aus allen Gebieten. Man sagt, berichtet Schaschek, dafs hier das Studium in einer solchen Blüte sei, wie in keiner anderen Provinz der Christenheit.*) In der Mitte der Stadt trifft man den Galgen, die Fremden pflegt man an einem anderen Ort aufzuhängen. In Salamanca sind die Adeligen bei Stiergefechten selbst tätig. Wir begleiten Rožmital nicht nach Portugal und ersparen dem Leser die Reiseabenteuer in Galizien, die Aufsuchung des Grabes Santiagos, die Legende vom Leben des Heiligen, die Unruhen und die Zänkereien, welche damals den Besuch der Pilgerstadt gefährlich machten. Nach einem zweiten Aufenthalt in Portugal kehrt Rožmital zurück nach Spanien, besucht Badajoz und Mérida.**) In Guadalupe erkrankte Buyan von Schwanburk, einer vom Gefolge des Barons, und wurde so barmherzig in dem dortigen Spital behandelt, dafs er nach seiner Genesung lange noch von der Grofsmut und Pietät der dortigen Mönche zu erzählen wufste. Im Kloster in Guadalupe sagt Tetzel „sind die aller andächtigsten mönch, die ich je gesehen hab." — „Und der oberst in dem closter ist ein Teutscher und haben gar eine strenge regel." Die Rückkehr führt die Reisenden nach Talavera, Toledo, Alcalá de Henares, Guadalajara. In Guadalajara schreibt Schaschek „incolit Marchio quodam, nomine Jacobus, procerum regni Castiliae haud postremus, ubi aedes habet magnifice exaedificatas". Der berühmte Don Iñigo Lopez de Mendoza, Marquis von Santillana, war aber, acht Jahre vor der Reise Rožmitals nach Spanien, gestorben und

---

*) Auch Tetzel hat rühmende Worte für die Hochschule in Salamanca. „Man meint," sagt er, „das nit hochgelerter leut in der Cristenheit sind, dann in der selben statt." Tetzel fand auch in Salamanca die frömmsten Leute, die man in ganz Spanien begegne.

**) Man lese bei Tetzel die mit Reminiscenzen aus ritterlichen Erzählungen geschmückte Legende von der Zerstörung der römischen Mérida. S. 183 f.

sein Palast war von dem Sohne Don Diego bewohnt. Interessant ist, was Schaschek über die Sitten der Musulmanen berichtet. Ein jeder von ihnen hat sieben Frauen, gefällt ihm die eine nicht, so kann er sie mit einer anderen tauschen. Mahomedaner und Juden leben miteinander. Sind sie mit dem König nicht zufrieden, so enttronen sie ihn. Die Frauen sind hier sehr schön, „elegantissimae et formosissimae, die Männer aber recht häfslich. — Tetzel dagegen S. 189: „Die man sind gar gerad und hübsch genug von gestalt auf die Heidnischen mainung, aber die Frauen ganz ungeschaffen; und betragt sich eins armen wesens, und trinkt selten wein." — Im Norden, in Aragonien wütete der Bürgerkrieg, und es scheint uns unglaublich genug, dafs, während die Granden sich von allen Seiten empörten, in den Tagen der gröfsten inneren Unruhen und des gröfsten politischen Wirrwarrs, der König Juan II. sich mit diesen fremden Herren so viel abgab, sie grofsartig empfing und fröhlich zu unterhalten suchte. „Majoris experientiae gratia", wie es wiederum in dem Geleitsbrief Königs Juan II. geschrieben war, reiste Rožmital von Zaragoza weiter. Schlechte Erfahrungen machte er aber in Catalonien; neuerdings rang Zehrowitz mit einem starken Catalanen, es wiederholen sich die gefährlichen Drohungen in der posada. Die Catalanen sind perfide Leute, sie nennen sich Christen und sind schlimmer als die Heiden selbst. Barcelona macht auf die Fremden einen schönen Eindruck. Nirgends sind so viele Schlösser und schöne Palmen als in dieser Umgebung zu finden; das Reisen in der Provinz ist aber gefährlich, die Wege sind unsicher, die Leute überall schlimm. „Sceleratissimos et perfidiosissimos." In Perpignan hat Rožmital Spanien den Rücken gekehrt und seine Reise durch den Roussillon fortgesetzt.*)

Als die Spanier ihren politischen Zenith erreichten, war ihre Kunstlitteratur noch im Werden. An den poetischen Schatz der Romanzen hatte noch kein Dichter gedacht. Santillana, Juan de Mena, Boscan, Garcilaso ahmten die Italiener nach. Cristóbal de Castillejo bemühte sich, mit patriotischem Eifer die nationale Überlieferung in

---

*) Weitere Berichte von deutschen Reisenden in Spanien im 15. Jahrhundert, als die bereits erwähnten sind uns erhalten worden, so der von Nicolaus von Popplau aus Breslau (aus einer germanisierten polnischen Familie stammend), der 1484 Spanien und Portugal besuchte. Es wurde 1806 in einer Nummer des Blattes: „Schlesien ehedem und jetzt" veröffentlicht. Ich kenne es nur aus der spanischen Übersetzung der Sammlung von Liske: Viajes de extranjeros por España y Portugal en los siglos XV, XVI y XVII. Traducidos po F. R. (Felix Rozánski). Madrid 1878. S. 15 ff.

der Dichtkunst hochzuhalten.*) Cervántes aber wurde erst 1547 geboren, Lope de Vega erst 15 Jahre nachher und Calderon, welcher von den Deutschen eine Zeit lang vergöttert werden sollte, erst 1600 Die spanische Monarchie hob vor dem Blühen ihrer Dichter ihr stolzes Haupt empor und dehnte mit Blitzesschnelle ihre Macht aus. Ferdinands Tochter Doña Juana, Königin von Leon und Castilien, welche die Spanier „la loca" nennen, wurde durch ihre Heirat mit Philipp von Österreich (1496) Stammmutter der habsburgischen Könige in Spanien. Ein König von Spanien wurde zugleich Kaiser von Deutschland. Der Traum einer Universalmonarchie schien dem ehrgeizigen Fürsten vorzulächeln. Sein Lieblingsdichter Acuña sang:

Ya se acerca Señor, ó ya es llegada
La edad dichosa en que promete el cielo
Una grey y un pastor sólo en el suelo,
Por suerte á nuestros tiempos reservada.
Ya tan alto principio en tal jornada
Nos muestra el fin de vuestro santo celo,
Y anuncia al mundo para más consuelo
Un monarca, un imperio y una espada.

Das deutsche Volk sah den ersten Siegen Karls V. freudig entgegen. Es war auf einen so grofsen Herrscher stolz und setzte sein volles Vertrauen auf ihn.

Ein künig gewaltigkliche
von Osterreich geborn
künig Karl löbeliche,
got hat jn ausserkorn
vber alle künig zware
den Fürst so hochgemut
zu regieren furware
die christenheit so gut**)

— — — — — —

Als die Schlacht von Pavia (1525) einen so glücklichen Ausgang für den Kaiser nahm, wurden die Franzosen und die Schweizer in

---

*) Castillejo hatte Spanien in seinen letzten Lebensjahren verlassen, lebte eine Zeitlang in Wien als Kaiser-Sekretär und starb dort 1556. Ein merkwürdiger Lobspruch der Stadt Wien ist seine: „Respuesta del autor á un caballero, que le preguntó que era la causa de hallarse tambien en Viena" in den Obras de Christóbal de Castillejo (Coleccion Ramon Fernandez B. XII) S. 351 ff.

**) Bezieht sich auf die Kaiserwahl im Jahre 1519. Vgl. Soltau: Hundert deutsch-historische Volkslieder. Leipzig 1836. II B. Nr. 176: „Ein new Lied von Künig Karel. (2. Strophe.)

Volksliedern verspottet und die Spanier gepriesen*). Aber gerade
im Momente des gröfsten geistigen Verkehrs zwischen Deutschen und
Spaniern mufsten die grellsten Gegensätze der Charaktere beider
Völker ans Licht treten. Die ausgesprochene Sympathie der Deutschen
für die fremden Spanier erlosch nach und nach und bald war man
der Welschen müde. Deutsche Landsknechte kämpften in der
spanischen Armee in Italien, in den Niederlanden und sogar in
Spanien**). Im Kriege gegen Frankreich befanden sich im Juni 1536
nicht weniger als 20000 Deutsche an der Seite der Spanier***). Ein
Jahr darauf, während der Expedition Karls V. nach Tunis, nahmen
8000 Deutsche am Kampfe gegen die Mauren Teil†). Trennten sich
Spanier und Deutsche, so wufsten die letzten stets genug vom Stolze
ihrer Gefährten zu erzählen. Die Sympathie war zur Antipathie
geworden, die Freundschaft zur Feindschaft. Im Volksliede, in Flugschriften und Pasquillen ist diese Änderung leicht zu verfolgen. Der
Scherz wird zum Spotte, zur Satire. Dazu kam noch die Enttäuschung,
welche die Politik Karls V. für die deutsche Nation vorbereitete.
Der religiöse Kampf war ausgebrochen. Man war über die Falschheit
des Kaisers empört. Das Volk stand auf der Seite der Fürsten. Das
Nationalitätsgefühl war gestiegen. Die Spanier wurden als Fremdlinge
betrachtet, ihr Vornehmtun, ihre Heuchelei, ihr religiöser Fanatismus,
ihre Ungezogenheit in Pasquillen und Satiren persifliert.

---

*) Vgl. Liliencron: Die historischen Volkslieder der Deutschen vom 13. bis
16. Jahrhundert. Leipzig 1865—69 III. B. Nr. 370—373. — Wie das italienische Volk
über die Schlacht von Pavia sang, vgl. eine Nachricht von Domenico Gnoll in „Storia
di Pasquino" Nuova Antologia 1890 15. Januar.

**) Die Spanier, welche damals einen grofsen Ruf als Krieger genossen, urteilten
nicht immer geringschätzend über ihre deutschen Kriegsgenossen. So sagt Avila y
Zuñiga: (cit. von I. Picatoste: Los Españoles en Italia, Madrid 1887. 2 vol. pag. 52)
„á mi juicio son los mejores caballos ligeros del mundo . . . muestran grande amistad
con los españoles". — Die Deutschen wufsten damals schon auch in der Fremde recht
tapfer zu trinken: „Encontrábanse siempre en las tabernas, dice un soldado español"
(daselbst). —
— Man lese im Lazarillo de Tórmes (II. Part.) das 1. Kapitel: En que da cuenta
Lázaro de la amistad que tuvo en Toledo con unos tudescos, y lo que con ellos pasa-
ba". Lazarillo war ganz entzückt über die Freigebigkeit der Fremden. Wollte er seinen
Wein bezahlen, so fühlten sich die flotten, munteren Kameraden beleidigt und sagten:
Nite, nite, asticot Lanz (wahrscheinlich: Nicht, nicht, es ist schon gut, Landsmann).
„Es vida graciosa la que viven", sagt Lazarillo, „no fantástigos, ni presuntuosos u. s. w.

***) Vgl. Ranke. Deutsche Geschichte im Zeitalter der Reformation. 6. Aufl.
Leipz. 1881 III. B. VII. Buch S. 10.

†) Daselbst S. 23. — Auf den Kriegszug des Kaisers in Afrika bezieht sich ein
Lied Hans Sachs (im 16. Meistergesangbuche).

Wir haben wol erfahren
der Spanier untrew
her von etlichen Jaren
Welsch büberei, nicht new;
sie schenden weib und kinde,
nemen uns hab und gut;
des teufels hofgesinde
treibet grofs ubermut*).

Nach dem schmalkaldischen Kriege und zur Zeit des Interims war die Erbitterung eine bedenkliche. Die Überzeugung, dafs der Kaiser im deutschen Staate die Ausrottung des neuen Glaubens, die Unterdrückung jeder Nationalfreiheit, die Einführung eines überstrengen Absolutismus in religiösen und politischen Dingen sich als Lebensaufgabe gestellt hatte, lastete schwer auf die deutschen Gemüter. Der Kaiser begnügt sich nicht, das göttliche Wort zu vertilgen, sagte man, er will über Seele und Gewissen regieren. Die Jesuiten kamen und machten die Kluft zwischen Evangelischen und Katholiken noch gröfser.

In den 40er Jahren war der erste von diesem Orden nach Deutschland gekommen. Bereits 1546 war der Bischof von Trier aus den Jesuiten genommen. Die Inquisitionsgerichte in den Niederlanden brachten die Deutschen in die äufserste Verstimmung. Katholische Fürsten sogar verliefsen aus Ärger die kaiserliche Partei. Im glühenden Hafs gegen die fremde Herrschaft war Deutschland in den letzten Jahren der Regierung Karls V. ganz einig.

Ulrich von Hutten hatte im Jahre 1521 im Dialog der „Inspicientes" die Spanier als fleifsige Diebe bezeichnet, ihre Redlichkeit aber, ihre Kühnheit und Kriegsfertigkeit hervorgehoben**), zwanzig

---

*) Liliencron Bd. IV. Vermanlied In dem Jahre 1546. S 345 Stroph. 10. — Vgl. auch J. Voigt: Über Pasquille, Spottlieder und Schmähschriften aus der ersten Hälfte des 16. Jahrhunderts in Raumers historischem Taschenbuch. 9. Jahrgang Leipz. 1838 S. 473 ff.

**) Vgl. Gervinus: Geschichte der poetischen Nationallitteratur der Deutschen (IV. Ausg.) Leipz. 1849, B. II S. 450. (Ich konnte leider Gervinus in der neuesten 5. Auflage nicht benutzen) und Ulrich von Huttens Schriften, hrg. von Eduard Böcking, IV. B., Leipzig 1868, S. 301. Von angeborenen Lastern schreibt Hutten: „den Italiener betrug, Hispaniern Dieberey, Frantzosen stolz und übermut. —

— Wenig Jahre vor Hutten urteilte Guicciardini über die Spanier: „Sono per essere astuti buoni ladri" — „Sono tenuti uomini sottili, astuti e nondimeno non vaglıono in nessuna arte o meccanica o liberale. Vgl. Opere indite di G. Guicciardini. Vol. VI, Anhang zur Legazione di Spagna (1512—1513)S. 275 ff.. — Bekannt sind die Sprüche

Jahre nach diesem Urteil glaubten seine Landsleute, dafs die Spanier zu den abscheulichsten Menschen gehörten und dafs ihre Armee nur aus elenden Lumpen bestehe. Der Patriotismus verlangte die Befreiung vom spanischen Joche:

Dafs doch mein liebes vaterland
erlöst werd aufs der Spanier hand!
Lafs uns bleiben bei deinem wort
Stewer des bapsts vnd Spanier mord!*)

Und wie verächtlich mufsten jene fein gebildeten deutschen Humanisten, auf die Schar spanischer Söldner hinunterblicken, welche fremde Sitten und fremde Sprachen in ihr Vaterland brachten!**)

Eine ausgesprochene verbitterte Stimmung gegen die Spanier herrscht im Allgemeinen im II. Buch der Kosmographia Sebastian Münsters.***) In 34 Seiten bespricht Münster, nach bekannter Art die

---

des Trissino: (Poetica in Opere Verona 1729 II 124: „Spagna, di fuori bello e dentro la magagna; Lombardo fedele e leccardo; Fiorentino, il corpo e l'anima del quattrino u. s. w.

*) Liliencron B. IV Nr. 570 (18. Stroph.).

**) Einige Kreise in Spanien schwärmten für die neuen deutschen Ideen. Erasmus korrespondierte mit Spaniern, besonders mit den Vergara. Einige seiner lateinischen Werke wurden schon um 1527 ins Castilische übersetzt. Vgl. Ed. Böhme: „Erasmus in Spanien" im Jahrbuch für romanisch-englische Litteratur B. IV (S. 158—165)

Die Reformation freilich konnte in dem streng einheitlichen, den alten Überlieferungen festhaltenden orthodoxen Spanien nicht gedeihen. Spanische Theologen und Gelehrte, welche dem Lutheranismus huldigten, waren seltene Ausnahmen, die mit dem Charakter und dem Glauben der ganzen Nation im vollen Widerspruche standen. „Estos hombres", sagt Marcelino Menéndez y Pelayo in seinem gelehrten, aber orthodox gehaltenen Werke, „Historia de los heterodoxos Españoles" Madrid 1886 B. I Introduccion S. 25. (Der Verfasser nennt irgendwo sein Werk eine „historia de aberraciones humanas") „no fueron intérpretes de la raza, sino de sus propias y solitarias imaginaciones." S. 29. „El genio español es eminentemente católico, la heterodoxia es entre nosotros accidente y ráfaga pasajera."

Einige treffende Betrachtungen darüber in dem zu wenig bekannten Buche „Alex Fleglers:" Spanien und Deutschland in geschichtlicher Vergleichung. Winterthur 1845 S. 101 ff.

Gegen die Verfolgungen in der Heimat fanden Spanier in den Niederlanden ein Asyl. Doch hat auch Deutschland vielen unter ihnen Aufnahme gewährt, so vor Allen den gröfsten und besten Schriftsteller unter den spanischen „herejes", Juan Valdés, so Francisco de Enzinas, Miguel Servet, Constantino Ponce de la Puente, Julianillo Hernandez, Cazallas, Casiodoro de Reina und anderen.

Viele dieser Spanier liefsen ihre Übersetzungen aus Bibeln und evangelischen Büchern in Basel, das Centrum der damaligen protestantischen Typographie drucken.

***) „Die Kosmographia wurde zuerst in Basel 1543 gedruckt. Es lag mir vor: Sebastian Münster Kosmographia. Basel 1628. — Von dem mächtigen Königreich Hispanien S. 97 ff.

politischen und physikalischen Eigentümlichkeiten des „mächtigen Königreichs Hispaniens," fügt Illustrationen zum Text hinzu (Pläne von Granada, Sevilla, die Peña de los enamorados u. s. w.,) und handelt in einem Kapitel über „Natur, Sitten vnd Geberden der Spanier (S. 104 ff). Hier weifs der Chronist nur schlechtes zu erzählen. Er häuft Tadel auf Tadel. Er findet die Spanier „gemein / ernstlich / gestreng / vnbarmherzig / hochgetragen / verächtlich / neidig / mifsgünstig / vnverträglich." Sie denken „immerdar auff mittel ihren Feinden zu schaden." Sie sind „eifferig in der Religion / darneben abergläubisch" u. s. w. Er kommt auf den Hochmut der Spanier zu sprechen und sagt: „Es haben die Spanier einen fertigen vnd sinnreichen Geist, vnd werden doch selten recht gelehrt. Dann wann sie noch kaum die gemeinen Fundamenta ergriffen / erachten sie sich aufs angebornem hochmut gar subtil vnd gelehrt / vnd führen wie in andren Sachen also auch in der geschicklichkeit, mehr schein dann hinder jhnen ist." Kommen Fremde nach Spanien, so werden sie, nach Münster „schlechtlich willkomb / gemeinlich armutselig tractiert*)." Ein Histo-

---

*) Münster hat seine Urteile über den Character der Spanier denjenigen, welche der berühmte Miguel Servet in seinem Buche: „Claudii Ptolemaei Alexandrini geographicae Enarrationis" als besondere Anmerkung eingerückt hatte, wörtlich nachgeschrieben, wie uns der Portugiese Damião de Goes In seiner Abhandlung: „Hispania (Damiani a Goes eqvitis lvsitani aliqvot opvscvla — Lovanii, Ex Officina Rutgeri Rescij, anno 1544 — Hispania — nicht paginiert) bezeugt: „. . . . ex quo apparet nostrates non tam infoeliciter discere, nec uerbositate et simulatione sapientiam ostentare, vel tam multis nominibus et consuetudinibus barbariem colere, quam Munsterus in suo novo Ptolomaeo praedicat, ubi ad imitationem cuiusdam Michaelis Villanovani (so nannte sich stets Miguel Servet) hominus mihi incogniti, et hac in re non mediocriter lapsi, Hispanorum et Gallorum comparationem, induxit. In der Tat hatte Münster schon in seinem Ptolomaeus die Urteile des Spaniers Servet niedergeschrieben. Vgl. Geographie Clavdii Ptolomaei Alexandrini Philosophi ac Mathematici praestantissimi. Libri VIII . . . In der Ausgabe: Basilae 1552 S. 160 ff. Hispaniae ad Gallium comparatio. — Damião de Goes, ein vortrefflicher humanistisch gebildeter Gelehrte, ein Freund des Bembo und des Sadolet hat ohne irgend welche Bitterkeit, nicht einmal im polemisierendem Tone, Punkt für Punkt alle Anklagen Münsters gegen die Spanier zurückgewiesen und die Italiener und Spanier den Franzosen und Deutschen in einem sehr interessanten Vergleich gegenübergestellt. Man lese seinen Abschnitt: „Pro Hispania adversus Munsterum defensio". Er bemerkt ausdrücklich: „Nec mea dicta a Munsteri accipi uolo, ueluti recriminationem, sed admonitionem, ut cautius posthac et syncerius in suis scriptis agat, virum enim eum bonum scio et aliquo usu familiaritatis mihi cognitum habeo".

Die bitteren Äußerungen des Servetius, seine Landsgenossen betreffend, finden sich in seinem „Ptolomaeus": „Claudii Ptole- / maei Alexandrini / Geographicae Ena- / rrationis. / Libri octo. / Ex Bilibaldi Pirckeymeri / Mi- / chaele Villanovano jam primum recogniti. / Adjecta insuper ab eodem Scholia / quibus exoleta urbium no / mina ad nostri Saeculi morem expo / nuntur . . . Ex officina Melchioris et / Gasparis Trechsel Fratrum MDXXXV".

2

riker, unserem Münster weit überlegen, Francesco Guicciardini, fand
die Spanier auch nicht freigebig: „amano poco i forestieri e con loro
sono molto villani" (Relazione di Spagna. Opere inedete VI. S. 274).
    Keiner aber unter den deutschen Dichtern fafste gegen die Spanier
einen so bitteren Hafs wie Fischart. Er hatte aus ihnen die ab-
scheuliche, „vierhornige" Race der Jesuiten hervorgehen sehen. Er
hatte um 1580 gegen Ignaz von Loyola (er nannte ihn bekanntlich Feurart
Lugevols und seine Anhänger „die Jesuwieder") sein „Jesuitenhütlin"
geschleudert. Als im Jahre 1588 die spanische invencible armada an
der englischen Küste scheitert und vernichtet wird, ist Fischart voll
Schadenfreude. Er schreibt seinen: „Siegdank oder Triumpffspruch zu
Ehren der vortrefflichen Königin in Engellandt" und dazu einen: „Satyrischen oder Freyhartischer Engelländischer" (aber nicht Englischer)
Grufs an die Lieben Spanier.*) Er meint die Spanier haben nun
einmal den Lohn für ihr stolzes Wesen empfangen:
                Wie fein han euch, auffgeblasene gsellen,
                Gedempt die auffgeblasene Wellen.**)
    Er tituliert die Spanier geradezu Räuber und häuft Spott auf
Spott. Dafs die Spanier besiegt und gedemütigt wurden, ist ihm
nicht genug:
        Man handelt mit euch noch zu lind,
        Dann wer der Sieg euch gwesen gsinnt,
        Ihr hetten, was ihr nicht gemetzigt,
        Türkisch verkaufft wie vieh ringschätzig.***)
    Zwei Jahre nachher schreibt Fischart seinen „Antihispanus", das
ist Widerlegung spanischer Vnart verdolmetscht."†)
    Das Schicksal der spanischen Armada wurde in Deutschland in
den sogenannten Relationen (die erste Art Zeitungen der Deutschen)
verfolgt. Einige nahmen für Spanien, andere für England Partei. Es
überwog aber der Hass gegen die Spanier und die Freude über die
Vernichtung ihrer gefährlichen Macht.††) Ein „Postreuter," welcher
in 3 Ausgaben aus dem Jahr 1590 uns gedruckt vorliegt (Prutz S.

---

*) In Johann Fischarts, Sämmtlichen Dichtungen. Herausgegeben von Heinrich
Kurz (Leipz. 1866—67) III. B. S. 353 ff.
    **) Siegdank V. 17 f.
    ***) Vers 239 ff. des. Grusses.
    †) Der „Antihispanus" fehlt in der Ausgabe von Kurz. Ich konnte ihn bis jetzt
nicht auffinden.
    ††) Vgl. R. E. Prutz. Geschichte des deutschen Journalismus I. Teil, Hannover 1845.
S. 142 ff.
    Über die Armada: Fernandez Duro: La armada invencible Madrid 1884-85.

179 ff.), giebt in seinem bänkelsängerischen liederlichen Ton einige Berichte über die Ereignisse aus dem Jahre 1588. Die Geschäfte unseres Postreuters haben ihn auch nach Spanien gebracht:

Ins Schiff trat ich zu Genua,
Und fuhr nach Barselonia
Dem Hispanier vnterthan,
Ich sprach mein Röfslein weiter an,
Postiert durch Catalonia,
Bis ich kam in Castilia
Da in Madrid zu dieser frist
Das königlich Hofflager ist.

Der Untergang der spanischen Armada wird erzählt. Von Spanien wird ein nicht gar erfreuliches Bild entworfen:

Mein frommer Both, hör wunder wert
Es mag vnterm gantzen Sonnenschein
Kein gottloser Land auff Erden sein,
Da man den von der Religion,
Mit Teufflischer Inquisition,
Auff Leib vnd Leben schleichet nach,
Kein bös Tyrann war je so gach.
Der Tag vnd Nacht darauff soll trachten,
Wie man vnschuldig blut möcht schlachten.
Als difs vermaledeyt Gesind,
Verstockt, verthult, Vnsinnig, Blind.
Fur Wunder mus ich mich erzehlen,
Vnd alle die zu Zeugen stelln,
Welche Hispanien han durchzogn,
Ist gewifs war, gantz vnbetrogen.
Defs Sommers wenn grofs Hitz fehlt ein
Vnd jeder fleucht den Sonnenschein,
Das jm von Durst wird angst vnd weh,
Kaufft man beym Pfund den kalten Schnee.

— — — — — — — — — — — — —

Die prächtige, stolze spanische Armee, welche die Hälfte der Welt erobert hatte, sank nach einem ruhmvollen Jahrhundert in die tiefste Schmach und reizte in der Fremde die Spötter zum Lachen. Wenn der Franzose Brantôme, voll Bewunderung für die spanischen Truppen, als dieselben unter dem Herzog Alba nach Flandern zogen, sich vor

Freude kaum fassen konnte*), so schrieb dagegen Anfangs des
17. Jahrhunderts Rudolph Weckherlin folgende Grabschrift für die
spanischen Soldaten:

> „In diser erden ist ein saat
> des gebeins, deren rat und that
> befürdet des lands krieg vnd plagen.
> Solt nu der grund so fruchtbar sein,
> dafs er für eins solt hundert tragen,
> so verleih got, dafs stets darein
> der hagel, blitz vnd dunder schlagen"**).

II.

Bis zum Anfange des 16. Jahrhunderts blieb die spanische Litteratur
in Deutschland unbekannt. Bei deutschen Verlegern gelangten zwar
von Zeit zu Zeit einige theologische Werke der Spanier zum Drucke,
aber sie vermehrten blofs das Kapital der trockenen Scholastik und
dienten ausschliefslich zur Unterhaltung und Belehrung der Geistlichen.
Das „Speculum Vitae humanae" des Bischofs Roderigo de Arévalo
wurde in Deutschland innerhalb 32 Jahren von 1468 bis 1500 fünf
Mal gedruckt***). In Spanien selbst waren es deutsche Verleger, welche

---

*) Vgl. A. Morel-Fatio: Études sur l'Espagne. Paris 1888. „Comment la France
a connu et compris l'Espagne depuis le Moyen-Age jusqu'a nos jours S. 26 ff. — Man
lese auch die schönen Sonette, welche Tansillo zur Ehre der in der Verteidigung von
Castelnuovo gefallenen spanischen Soldaten, deren Gebeine noch unbestattet waren, 1540
dichtete — vgl. Poesie di Luigi Tansillo. Livorno 1782 (Sonette 16—18).

**) Georg Rudolph Weckherlins: geistliche und weltliche Gedichte hrg. von Goedeke.
Leipzig, 1873 S. 312. — Auch spanische Dichter trauerten um jene Zeit über die gesunkene Gröfse des Vaterlandes. Quevedo schrieb eine „Epístola satírica y censoria
contra las costumbres presentes de los castellanos (gedr. 1639 in Baeza). Einst sagte er:

> „Pudo sin miedo un español belloso
> Llamar á los tudescos bacchanales,
> J al holandes hereje y alevoso.

— — — —

> Pudo acusar los celos desiguales
> a la Italia; pero hoy de muchos modos
> Somos copias; si son originales.

Mut und Tapferkeit zeichneten einst die spanische Armee aus, jetzt:

> Quedaron las huestes españolas
> Bien perfumadas, pero mal regidas.

Vgl. Obras de Quevedo y Villegas. 69 B. der „Biblioteca de autores españoles."
S. 37. — Und in einem Briefe an seinen Freund Lipsius von 1604: „Quid de mea His-
pania non querula voce referam? Vos belli preda estis, nos otii et ignorantiae. Ibi (in
Flandern) miles noster opesque consumuntur, hic nos consumimur. Vgl. E. Mérimée:
Essai sur la vie et les oeuvres de Francisco de Quevedo. Paris 1886, S. 20.

***) Vgl. Kapp: „Geschichte des deutschen Buchhandels". Leipzig 1886 S. 327.

die ersten Bücher druckten. Schon 1474 treffen wir sie in Valencia und bald darauf in Barcelona, in Zaragoza, in Murcia, in allen gröfsten Städten Spaniens. Im Dezember 1477 erklärte die Königin Isabel mit speziellem Mandat den „Alemán Teodorico" franco de alcabalas, almojarifazgo y otros derechos, por ser un gran impresor, por traer libros á España con peligros de la mar y por ennoblecer nuestras librerias". Bekannt sind die Namen Deutscher Drucker Palmart, Hagenbach, Spindler, Matthias Flander, Leonhard Hut. Heinrich Bozel, Friedrich Biel. An Bedeutung und Glück übertraf sämmtliche deutsche Buchhändler in Spanien der berühmte Jakob Cromberger, dem wir zuerst in Sevilla begegnen und welcher später nach Lissabon übersiedelte. Aus der Druckerei der Cromberger ging (1544) das erste in der neuen Welt (in Mexico) gedruckte Buch hervor.

In Deutschland bekümmerten sich um die spanische Sprache höchstens einige Kaufleute aus der Ravensburger Gesellschaft zuerst*) und später die aus den hansischen Städten, welche von den letzten Decennien des 16. Jahrhunderts bis zur Auflösung des Hansebundes während des dreifsigjährigen Krieges den Handel zwischen Deutschland und Spanien nicht ohne bittere Erfahrungen vermittelten**), dazu noch

---

*) Sie sind schon Anfangs des 15. Jahrhunderts in den nördlichen Provinzen Spaniens, besonders in Barcelona und Valencia tätig. Vgl. W. Heyd. Die grofse Ravensburger Gesellschaft. Stuttgart 1890 S. 29 ff.

**) Im November 1606 reisten einige Abgeordnete des hansischen Bundes nach Madrid, um einen Handelsvertrag mit der spanischen Regierung und die Zulassung einer hansischen Faktorei in Sevilla zu vermitteln. Sie erzielten wenig und die Inquisition mischte sich auch in ihre Geschäfte. Vgl. W. Stricker: Die Deutschen in Spanien und Portugal. Leipzig 1850 S. 19 ff. — Bekannt sind in den ersten Decennien des 16. Jahrhunderts die Beziehungen der Fugger mit Karl V. und mit Spanien überhaupt. Befand sich der Kaiser in finanzieller Bedrängnis, so sollten die Fugger, eher noch als die antwerpener Wucherer, Geld herbeischaffen. Ein unschätzbarer Ertrag für die krösusreiche deutsche Familie waren die Quecksilberminen in Almaden und die Silberbergwerke in Guadalcanal. Vgl. Colmeiro: Historia de la economica política de España. Mad. 1863 B. II. S. 241 ff. Im Jahre 1550 erhielten Raimund, Anton und Hieronymus Fugger ein Hauptprivilegium vom Kaiser, sie wurden in Adelsstand erhoben, durften ihre Titel nach Belieben vermehren, kurz, sie wurden mit allen möglichen und unmöglichen Vorrechten beschenkt. 1534 errichteten sie eine Fuggersche Münzstätte. Man erzählt sich, dafs als der Kaiser den königlichen Schatz in Paris besichtigte er folgendes ausgerufen habe: „Alles dieses kann ein Leinweber zu Augsburg mit Geld bezahlen." Vgl. Ersch und Gruber Encyclopedie. Art. Fugger Die Spanier haben aus den ihnen durch den unermefslichen Reichtum bekannten Fugger, im 16. Jahrhundert ein neues Wort fúcar gebildet. Un fúcar bedeutet jetzt noch ein aufserordentlich reicher Mann. — Auch die Portugiesen haben das Wort fucaro gleichbedeutend wie spanisch fúcar.

einige Fürsten und Gesandte, welche unmittelbar mit dem kaiserlichen Hofe verkehrten, nicht aber die Litteraten. Diese fanden kaum die Zeit, mit ihren lateinischen und deutschen Büchern, nebenbei auch mit den italienischen und französischen sich abzufinden. So wundern wir uns nicht mehr darüber, dafs die ersten litterarischen Werke der Spanier durch Vermittelung französischer und italienischer Übersetzungen in Deutschland eindrangen.

Im Jahre 1520 druckte man in Augsburg die „hipsche Tragedia von zwaien liebhabendn mentschen einem Ritter Calixtus vnd ainer Edln junckfrauen Melibia genannt*). Es war die Verdeutschung einer italienischen Übertragung der „Celestina" des Fernando de Rojas**). Diese sogenannte „Tragedia", mit ihren lebendigen Schilderungen, mit ihren spannenden Dialogen, mit ihrer bunten und wahren Charakteristik gefiel den Deutschen und wurde allgemein gelesen. Schon 1534 wurde sie zum zweiten Male in Augsburg gedruckt. „Ainn recht Liepliches büchlein" stand auf dem Titelblatt. Jörg Wickram im „Verlorenen Sohn" hebt durch Cario Ruffion die Celestina besonders hervor***). Und noch ein Jahrhundert später gab der berühmte Polyhistor und Vielschreiber Caspar Barth in Frankfurt 1624 unter dem ungeheuerlichen Namen „Pornoboscodidascalus" eine lateinische Übersetzung dieses dramatisieren Romans mit gelehrten und schätzenswerten Noten heraus†).

---

*) Vgl. Goedecke Grundrifs B. II. S. 333, und Ferd. Wolf „Studie über die Celestina" in Wolfs: Studien zur Geschichte der spanischen und portugiesischen Nationallitteratur. Berlin 1859 S. 278 ff. Wolf teilt uns auch den Prolog der ersten deutschen Übersetzung mit. S. 300 f.

**) Vgl. auch Klein Geschichte des Dramas B. VIII. S. 843 ff. — Dafs die „Celestina" sofort nach ihrem Erscheinen ins Italienische übersetzt wurde, erklärt sich aus den regen litterarischen Beziehungen zwischen Spanien und Italien am Ende des 15. und am Anfang des 16. Jahrhunderts. Darüber hat die Kritik trotz einiger Studien von D'Ancona, D'Ovidio, Zanella (s. Paralleli letterari), Rossi (Guarino), Scherillo (Sannazaro), Menghini (Marino) und andere noch Vieles zu forschen.

***) Vgl. Wilhelm Scherer: Die Anfänge des deutschen Prosaromans und Jörg Wickram von Colmar. Strafsburg 1877. S. 13.

†) In Gottscheds Nötiger Vorrat zur Geschichte der deutschen dramatischen Dichtkunst B. I. S. 53 ist von der Übersetzung Barths die Rede. — S. 52 wird die deutsche „Celestina" erwähnt. Dafs die Tragödie in 21 Acten dem französisch geschulten Gottsched nicht behagte, ist aus den Worten ersichtlich: „So viel sieht man, dafs der spanische Verfasser die Regeln der Schaubühne ebenso schlecht, als unter Hans Sachs gekannt hat, ob er gleich unstreitig viel gelehrter gewesen als dieser." — Kaspar Barth hat später auch eine lateinische Übersetzung eines III. Teiles der Diana (Diana de Montemayor nuevamente compuesta por Hierónymo de Texeda (1625) unter dem Titel „Erotodidascalus sive Nemoralium libri V" geliefert.

Ein wirklich epochemachendes Ereignis für die deutsche Litteratur des 16. und 17. Jahrhunderts war die Verbreitung des Ritterromans: „Amadis". In Spanien finden wir ihn um die Mitte des XIV. Jahrhunderts heimisch. In Frankreich wurden die acht ersten Bücher des „Amadis" von 1540 bis 1548 von Nicolas Herberay des Essarts übersetzt, und um die nämliche Zeit wurde der Herzog Christoph von Würtemberg, welcher damals in Paris weilte, so entzückt von der Lektüre dieses fantastischen und anregenden Romans, dafs er den Entschlus fafste, ihn aus dem Französischen ins Deutsche zu übersetzen. Er starb aber vor der Ausführung seines Vorhabens und so übernahm der Frankfurter Verleger Sigismund Feyerabend die Verdeutschung des Werkes*). Das erste Buch des deutschen „Amadis aus Frankreich" erschien 1569. Die weiteren bis zum 24. innerhalb 26 Jahren.

Der Amadis war dem deutschen Geschmack angepafst. Er ergötzte vorzüglich die höheren Stände der Gesellschaft. Er wurde sofort zur Modelektüre. An der Spitze der Unterhaltungslitteratur übte er eine mächtige und nachhaltige Wirkung auf jedes litterarische Erzeugnis der Zeit, vorzüglich auf die Liebes- und Heldenromane. Er hat in die deutsche ebensogut wie in die französische und italienische Litteratur zwei höchst poetische Momente eingeführt: Das Ritterliche und das Romanhafte. Er wurde ein Lieblingsbuch, eine Art Bibel der Frauen**). Allein die vielen Unwahrscheinlichkeiten in der Amadischen Fabel, das Konventionelle in der Form und in den Gedanken erweckten Widerspruch und so entspann sich, wie auch in Frankreich, ein Kampf gegen den Amadis, an welchem sich die bedeutendsten Geister des Zeitalters beteiligten. Einige unter ihnen, nachdem sie sich an der Amadisschen Fiktion gesättigt hatten, erklärten sie für erbärmlich und schädlich: die Phantasie erstarre in dieser Welt voll Abenteuer und Wunder, sie entferne sich allzusehr vom Boden der Wirklichkeit; auch für die Reinheit der Sitten sei zu befürchten u. s. w. Fischart war klug und dachte ähnlich wie Cervántes, als er 1572 zu seinem 6. Buche des Amadis die „Vorbereitung in den Amadis" schrieb und von seinen Lesern sagte:

> Deszgleichen welchem nicht gefalt
> Dieweil es fabeln in sich halt
> Der gibt sein Vnverstand an tag***).

---

*) Scherer: Die Anfänge des deutschen Prosaromans s. S. 68.

**) Vgl. Gervinus a. a. O. B. III. S. 393 und F. Bobertag: Geschichte des Romans und der ihm verwandten Dichtungsgattungen in Deutschland, Breslau (1876—1877) B. I. S. 246 ff.

***) Fischarts. Sämmtliche Dichtg. a. a. O. III. Teil S. 31. Vers 95 ff.

Dieser Meinung waren aber die Hauptrepräsentanten des deutschen Romans im XVII. Jahrhundert nicht. Ziegler, Buchholtz, Lohenstein hatten sich alle durch den Amadis anregen lassen, und doch verwarfen sie ihn später und spotteten über die Leser einer solchen Fabel. Der durch und durch deutsch gesinnte Buchholtz konnte einen solchen ungermanischen Roman nicht dulden. Er nahm sich vor, den Amadis in seinem Vaterlande gänzlich auszurotten. Er wollte auf die ältere Ritterwelt hindeuten, auf dem Boden des Reellen und Faßbaren bleiben und doch berührte sich seine Erfindung, seine Dichtung, wie Cholevius sagt „in den stofflichen Elementen noch mit den Amadisromanen"[*]). Der einzige Philipp von Zesen entwickelte sich frei von den vielgelesenen und vielgehaßten Amadisfiktionen[**]).

Ein anderer Roman, der eine Zeitlang für wahre Geschichte galt und welcher die magischen Reize orientalischen Lebens in Spanien beschrieb, gelangte von Spanien nach Deutschland. Es war Ginez Perez de Hita's Werk: „Historia de las guerras civiles de Granada". Spanier selbst möchten das Buch am Ende des 16. Jahrhunderts aus ihrer Heimat nach Österreich importiert haben, wo reger Verkehr mit dem Hofe Castiliens herrschte, wo spanische Sitten in den vornehmen Klassen nachgeahmt wurden. Schon vor dem Erscheinen des poetischen Buches Hitas hatten die galanten Ritter Österreichs das spanischmaurische Tournieren in ihren Festlichkeiten nachzuahmen versucht. Unerhörte Summen wurden in diesen Ritterspielen verschwendet. Man prahlte mit den schönsten spanischen Trachten. Man suchte fremde, auch eingebildete Sitten so getreu als möglich wiederzugeben. Man benutzte oft Spanier selbst als „Mantenedores", als „Ventureros" in den „quadrillas", in den „invenciones" und dergleichen. Das erste berühmte Fest dieser Art wurde im Frühling des Jahres 1566 von König Maximilian II. in Wien veranstaltet[***]). Maximilian hing mit all seinen Gedanken an Spanien, wo er seine Jugend zugebracht hatte. Die „Guerras civiles" erhöhten die Liebe zu den Ritterspielen und schenkten ihnen neue Farben und neuen Glanz. Ein Teil des hohen Adels verstand spanisch und fand sein Ergötzen an der Lektüre der romantischen Geschichte der Zegris und der Abencerragen. Das deutsche Ringelrennen wurde nach den in Hita so poetisch beschriebenen „juegos

---

[*]) Cholevius: Die bedeutendsten deutschen Romane des XVII. Jahrhunderts. Leipz. 1866 S. 125 und dessen Vergleich der Romane Buchholtz mit den Amadisbüchern S. 123 ff.

[**]) 18 Jahre nach dem Erscheinen des ersten Buches des Amadis in Deutschland kam 1587 zu Dresden eine Dramatisierung des Amadis heraus. Vgl. Goedecke II. S. 369.

[***]) Vgl. Barthold: Geschichte der fruchtbringenden Gesellschaft Berlin 1848 S. 64.

de sortijas" umgeformt. Mag uns übertrieben erscheinen, was Barthold
sagt, dafs: diesen Spröfslingen aus der Heimat des Granatenbaumes,
wenn auch nicht eine neue deutsche Dichtkunst, doch die neue deutsche
Poeterei entkeimte (S. 68), so ist doch zu glauben, dafs sie ein
Stück warmes Ideal in das deutsche Gemüt brachten und die Liebe
zu theatralischen Aufführungen erregten. Solche Ritterspiele wurden
nicht nur in Wien abgehalten, sondern auch in Kassel beim Landgrafen
Moritz (1592), in Stuttgart am Hofe Friedrich Wilhelm von der Pfalz
(1596), am Hofe zu Anhalt u. s. w.*).

Allein all dies spanische Wesen war nur ein Privilegium des
Adels; die grofse Masse des deutschen Publikums begnügte sich damit,
auf die eingewanderten Spanier ziemlich verächtlich hinabzuschauen
und fand sie, ihrem Kostüm zum Trotz, lächerlich und prosaisch. Der
spanischen Sprache mufsten sich aber die hochgestellten Ritter be-
dienen, welche gelegentlich auch in spanische Dienste traten. Der
Landgraf Moritz von Hessen-Cassel verstand Spanisch. Im Collegium
Mauritianum 1599 gegründet, wurde nebst dem Lateinischen, dem
Italienischen und Französischen, auch das Spanische gelehrt. Der Herzog
Heinrich Julius von Braunschweig verstand und las ebenfalls Spanisch.
Obgleich das Französische die Modesprache war, so konnten die Aus-
erwählten nicht umhin, ihre Redensarten mit castilischen Wendungen
zu schmücken; es gehörte das zum feinen Tone der Gesellschaft.
Und die Damen ahmten die grofsen Herren nach. Die schöne Agnes
von Dessau, seit 1623 die Gattin Johann Kasimirs, die Schwester der
berühmten Elisabet, Landgräfin von Hessen, war in mehreren Sprachen
bewandert und verstand auch das Spanische (Barthold S. 45 f.).

Als der Krieg in den Niederlanden wütete, sahen die Deutschen
mit grofser Spannung allen politischen und religiösen Ereignissen entgegen. Die „Augsburger Zeitung" (1568—1604) brachte Nachrichten

---

*) Nebenbei sei hier eines Ringturnieres gedacht, welches schon 1428 auf dem
Münsterplatze zu Basel zwischen dem portugiesischen Ritter Juan de Merlo (kein Spanier
wie gewöhnlich geglaubt wird) und einem Schweizer stattfand. Merlo siegte und erhielt
vom Gegner den Ring.

Vgl. J. Bächtold: Geschichte der deutschen Litteratur in der Schweiz. Frauen-
feld 1888 S. 190.

— Dieser Juan de Merlo war lange Zeit in Frankreich und turnierte unter anderem
mit Pierre de Bauffremont. Vgl. Morel-Fatio: L'Espagne en France a. a. O. S. 21.
Weiteres über Merlo im „Don Juan de Merlo" eine Erklärung zu Don Quixote (Part.
II. Cap. 49) in Magazin für Litteratur des Auslandes 1867 Nr. 39 S. 540.

Eine Episode aus dem legendhaften Leben dieses Merlo ist auch in den „Trescientas"
des Juan de Mena zu lesen.

jeder Art; einer ihrer Redakteure, Karl Fugger stand im Dienste der
Spanier. Die Hinrichtung Egmonts, des Grafen von Horn, die Er-
mordung Pozas, der Tod Don Carlos wurden weitläufig erzählt. Die
Kommentare fehlten nicht. Die Heldentaten der Inquisition kamen jeweilen auch zur Sprache. Es fand sich aber immer ein jesuitischer
Kunstgriff, welcher die Geschichte als eine nicht gar bedenkliche dar-
stellte und umdeutete. Wir finden zum Beispiel einen Bericht von
einem Autodafé in Sevilla. Andererseits begegnen wir satirischen
Angriffen auf den Herzog Alba und auf die spanische Politik.*) Auch
konnte die Zeitung nebenbei der Bücherkunde wichtige Dienste leisten,
da sie in ihren Spalten über neuere litterarische Erscheinungen fremder
Länder Bericht erstattete.

Es war kein Zufall, dafs um die Wende des Jahrhunderts die
Schriften Antonio de Guevara's in deutscher Übersetzung dem deutschen Publikum dargeboten wurden. Die Jesuiten fühlten ihre Macht,
sie wollten auf alle Volksschichten wirken und ihre Moral verbreiten.
Die Welt, sagten sie, war voll Enttäuschungen, voll Trübsal und
Schmerz. Sollte man nicht fern von jedem Getümmel, einsam und
andächtig den Frieden im Schosse der Kirche suchen? Aegidius
Albertinus, der Sekretär des Herzogs Maximilian von Baiern, der Ver-
deutscher Guevaras, war ein Zögling der Jesuiten und fand wirklich
selbst jene Erbauung, welche der Bischof von Mondoñedo, eine Zeitlang Gesandter in Deutschland und Historiograph Karls V., in seinen
Büchern empfahl. Er stand mit den spanischen Theologen und Gelehrten auf gutem Fusse und übersetzte auch Einiges aus den Schriften
eines Antonio de Avila, Ludovicus de Malvenda, Pedro de Medina,
Pedro Malon, Alfonso de Horozco, Francisco de Ossuna, Salvador Ponz,
Laurentius de Zamora.**) Er gab zu München 1598 die Übersetzung
des Tractats Guevara „Contemptus vitae aulicae et Laus Ruris" heraus, dann von 1598 bis 1600 die 3 Teile des „guldenen Sendschreiben"
und nach und nach sämtliche Werke Guevaras: „Der Fürsten und
Potentaten Sterbkunst," das „gülden Büchlein," den „Cortegiano, das
ist der recht wolgezierte Hoffmann" u. s. w.***) Albertinus übersetzte

---

*) Vgl. Theod. Sichel „Zeitungen des 16. Jahrhunderts im Weimarer Jahrbuch."
B. I S. 344—356.

**) Vgl. Liliencron. Allgemeine deutsche Biographie B. I S. 218. K. von Rein-
hardstöttner: Aegidius Albertinus, der Vater des deutschen Schelmenromans im Jahrbuch
für Münchner Geschichte II. Jahrg. München 1888. S. 26.

***) Vgl. über sämtliche Übersetzungen Albertinus. — Liliencron in Kürschners
Nationalliteratur B. 26. Verzeichnis der Werke des Albertinus S. IX ff. — Antonio de
Guevara: Opera Omnia Historico-Politica. Durch Herrn Aegidium Albertinum aufs
fleifsigste versetzt, erschien in Frankfurt 1641—46.

unmittelbar aus dem Spanischen, er ging mit seinen Verdeutschungen nicht sehr genau um. Er verzierte nach seiner Weise die schöne, beredte Prosa des Spaniers. Er erlaubte sich Willkürlichkeiten jeder Art, liefs sogar, wenn es ihm passend dünkte, Fischart statt Guevara reden; aber, was die Hauptsache war, er wurde gelesen und seine Übersetzungen wirkten. Der „Cortegiano," die „Verachtung des Hoflebens" ganz besonders, gingen von Hand zu Hand und fanden ein halbes Jahrhundert später in einem genialen Schriftsteller, in Grimmelshausen einen Bewunderer. *)

III.

Mit dem 17. Jahrhundert öffnet Deutschland der spanischen Litteratur vollends seine Tore. Sie dringt ein, auf Kosten der poetischen Phantasie der Deutschen, sie wirkt besonders auf den Roman, auf die Schäferdichtung.

Vom Jahre 1600 bis 1617, unmittelbar vor dem dreifsigjährigen Kriege, erlangte der deutsche Buchhandel eine bis dahin niemals erreichte Höhe. Die Messkataloge führen eine Masse von fremden, lateinischen, französischen, italienischen Werken auf.**) Von 1600 bis 1618 ist Spanien mit 19 Werken vertreten.***) Von München her, wo der Verkehr mit Spanien damals ein sehr reger war, verbreiteten sie sich im übrigen Süddeutschland.†) Um jene Zeit mag wohl mehr als ein roman picaresco sich auf den deutschen Messen befunden haben. Diese Schelmenromane pafsten für die Zeit, sie pafsten für die Deutschen eben so gut wie für die Spanier. Sie waren aus dem Leben selbst herausgegriffen. Sie spiegelten getreu das Ideal des Vagabunden, der im verödeten Lande seine tollen Streiche spielte und seine Existenz so bequem und listig als möglich einzurichten verstand. Sie waren

---

*) Guevaras Schriften: „Der Hoffmann," „Der Hoffleuthlwecher" fanden aufser Albertinus in J. Christoff Beyschlag unmittelbar im Anfange des 17. Jahrhunderts, einen Übersetzer. Vgl. Goedecke B. II S. 583.

**) Die „Collectio in vnum corpvs omnium librorum Hebraeorum, Graecorum, Latinorum nec non Germanice, Italice, Gallice et Hispanice scriptorum, qui in nundinis Francofurtensibus ab anno 1564 usque ab nundinas Autunnales anni 1592 etc, desumpta ex omnibus Catalogis Willerianis singularum nundinarum etc. Francof. 1518, registriert in dem 3. Teil, 16 Werke in spanischer Sprache, von denen 10 der Theologie zugerechnet, 2 in der Abteilung: Polemici. 1. „Historici", das ist: Los 40 libros del Compendio historial de las Cronicas de Espanna, compuesta por Estevan de Garibay (4 Vol.) Antwerpen 1572; 2 unter „Cosmographici", 1 unter „Grammatici," 1 unter „Equestris disciplinae": El cavallero de Terminado (sic für determinado) Antwerpen 1591, 1. „De nobilitate et vita aulica": El cortesano, traducido por Boscan en nuestro vulgar castellano Anvers 1588.

***) W. Scherer: Anfänge des deutschen Prosaromans S. 62.

†) W. Scherer: Geschichte der deutschen Litteratur (III. Aufl. Berlin 1885) S. 316.

so zu sagen Volksbücher, ihre Typen konnten sich unauslöschlich in die Phantasie des lesenden Publikums einprägen. Statt Wunder malten sie die reellste Seite der Welt, ihre Armut und ihr Elend. Deutschland war zu jener Zeit wie Spanien verödet und verwildert; in beiden Ländern war grofses Elend und Überflufs an Lumpen. Der Stil dieser Schelmenromane packte. Die Begebenheiten waren einfach, ohne Aufwand von Bildern und phantastischen Maschinerien erzählt. Die Sprache war bündig. Zum ersten Mal schienen die Spanier ihre eingeborene Schönrederei vergessen zu haben. Das alles munterte zur Übersetzung auf. Leicht konnten Anspielungen auf die damaligen Zustände Deutschlands angeknüpft werden, Schilderungen, die überraschend treu erschienen, erweitert, einzelne Linien verstärkt, einzelne verfeinert werden. Es geschah selbstverständlich nicht immer zum Nutzen der Verdeutschung. Der Verbreitung der picaresken Romane stellte sich kein Hindernis in den Weg, zumal da die Pfaffen selbst ihr gröfstes Vergnügen daran hatten und wohl dachten, dafs gerade aus ihnen die köstlichsten und gröfsten Schelmen hervorgegangen waren.

Die ersten Übertragungen des 17. Jahrhunderts aus dem Spanischen waren noch keine Schelmenromane. 1605 erschien ein „Weiblicher Lustgarten" aus den „Hortus Muliebris" des Juan de la Cerda von Ägidius Albertinus verdeutscht.*) Sechs Jahre später folgte ein Abkömmling der Amadischen Bücher, der „Cabellero del Febo" des Diego Orduñez, durch Matthäus Hofstetter, Professor der fremden Sprachen in Giefsen, aus dem Italienischen, in welches das spanische Original zuerst übertragen worden war, übersetzt. Eine recht langweilige Erzählung! Die Schelmenromane kamen dann an die Reihe. Albertinus gab 1615 zu München seinen „Landstörtzer Gusman von Alfarche" nach Mateo Aleman „Guzman de Alfarache" heraus. „Theils gemehrt vnd gebessert" hiefs es auf dem Titelblatte.**) Vermehrt an verschiedenen Stellen gewifs, wenn auch dann und wann die Scheere zur Abkürzung verwendet wurde, aber gebessert gewifs nicht. Einige von Albertinus hinzugefügte meist moralisierende Abschweifungen, welche mit dem eigentlichen Roman in keinem Zusammenhange stehen, der Kanzelstil eines Jesuiten, deckten die Frische und die Ursprünglichkeit des spanischen Originals. Dieser deutsche Landstörtzer darf kaum

---

*) Der 2. u. 3. Teil wurde später 1620 in Halle in Sachsen gedruckt. Cf. Liliencron, Kürschners Deut. Nationallitt. B. 26 S. XIV.

**) Bei Goedecke B. II S. 577 die weiteren Drucke. Bis 1670 erschienen 7 deutsche Guzman. Vgl. auch K. v. Reinhardstöttner. Aeg. Albertinus a. a. O. S. 32 f.

als eine Übersetzung angesehen werden.*) 1617 folgte der eigentliche Vater der picaresken Erzählungen „der Lazarillo de Tórmes".**) Von Niclas Ulenhart „aufs Spanischer Sprach inz Teutsche gantz trewlich transferirt". Und auch hier erleidet das spanische Werk manche Verstümmelung und manche unnötige Verlängerung. Ulenhart dachte die Kost nach seinem Belieben dem deutschen Publikum vorzusetzen. Am besten tat er daran, dafs er den II. Teil des „Lazarillo" unübersetzt liefs. Zehn Jahre darauf lasen die Deutschen auch die „Picara Justina" des Toledaners Francisco de Ubeda. Die „Landstörtzerin Justina Dietzin Picara" erschien 1626—27 zu Frankfurt a. M. Sie war aber nach einer italienischen Übertragung des Barezzo Barezzi deutsch bearbeitet.***)

----

*) Vgl. Bobertag. Geschichte des Romans a. a. O. B. II. S. 24 f. Liliencron, Kürschners National-Litteratur B. 26 S. VII und Payer: Eine Quelle des Simplicissimus in „Zeitschrift für deutsche Philologie" B. XX (1890) S. 94.

Ganz anderer Meinung ist freilich K. von Reinhardstöttner, welcher in seinem erwähnten Aufsatz über „Albertinus der Vater des deutschen Schelmenromans" den Bayern hoch über den Spanier stellt. Ich glaube nicht, und viele Leser werden meiner Meinung sein, dafs Albertinus (S. 38) „im Verhältnisse zu seiner Vorlage" „fast überall durch die Kürze, deren er sich befleifsigt" gewinnt. Einige Kapitel des spanischen Romans sind in der Tat nicht verwendet worden, das Ende wurde abgebrochen, einige lange Episoden (die von Osmin und Daraja u. A.) wurden von Albertinus vernachlässigt. Dafür hat der Deutsche vieles aus eigener Ware hinzugefügt, und die Moralisationen des Spaniers mit den seinigen zum grofsen Schaden der Frische und Natürlichkeit des Romans vermischt.

Die Fortsetzung des „Guzman" wurde 8 Jahre später von Martinus Freudenhold übersetzt.

**) Dafs der Verfasser des Lazarillo nicht Diego Hurtado de Mendoza war, wie allgemein geglaubt wurde und noch heutzutage gedruckt wird, und dafs der Roman einstweilen anonym bleibt, hat Morel-Fatio mit gewohnter Meisterschaft in seiner Vorrede zur französischen Übersetzung des Lazarillo gezeigt.

Vgl. auch seine Etudes sur l'Espagne: Recherches sur Lazarille de Tórmes S. 141 ff. Aus dem gleichen Jahre der deutschen Übersetzung des Lazarillo 1617 stammt das Meisterstück des Holländers Brederoo, das Lustspiel: „Spaanscher Brabander Jerolimo", dessen Stoff aus einer französischen Übersetzung des Lazarillo entnommen sein sollte. Vgl. Jonckbloed, Geschichte der niederländischen Litteratur. — Deutsch von W. Berg B. II Leipz. 1872 S. 137 ff.

***) Mazzuchelli in: Gli Scrittori d'Italia B. III Brescia 1758 S. 349, giebt als Ausgabe der „Vita della Picara Giustina Diez" Venezia 1629 an. Sie mufs nicht die erste gewesen sein, sagt Reinhardstöttner, und in der Tat wird in Ensayo de una biblioteca española de libros raros y curiosos formada con los apuntamientos de Don Bartolomé José Gallardo etc. T. I S 136 von der Picara Justina gesagt: En Italiano se tradujo, é imprimió en Venecia año de 1615 y 1616.

Die Verdienste der spanischen Picaresken werden auch in der Schrift von Ferdinand Antoine: Étude sur le Simplicissimus de Grimmelshausen, thèse française Paris 1882 mit Recht hervorgehoben. Allein wenn Antoine (S. 51) den schönen Satz ausspricht: „C'est

Schon im zweiten Dezennium dieses Jahrhunderts gelangte mit den bewunderten Schelmenromanen auch etwas von Cervántes Geist nach Deutschland. Mit dem Lazarillo Ulenharts erschien zusammen in Augsburg 1617 die Übersetzung der Novelle: „Rinconete y Cortadillo", eine der besten aus dem Schatze der „Novelas ejemplares". Ulenhart gab ihr einen recht deutschen Titel: „Isaac Winckelfelder, vnd Jobst von der Schneid, Wie es disen beyden Gesellen in der weitberümten Stadt Prag ergangen, was sie daselbst für ein wunderseltzame Bruderschafft angetroffen, vnd sich in dieselbe einverleiben lassen."*)

Erst um die Mitte des 18. Jahrhunderts wufsten die Deutschen vom Genie Cervántes zu erzählen. Einige Exemplare des „Don Quijote" in fremdem Gewande wurden doch schon unmittelbar vor dem Tode des Verfassers auch in Deutschland herumgeboten und 1617 übersetzte ein Ungenannter die schöne Erzählung des „Curioso impertinente" aus dem „Quijote" unter dem Titel: „Unzeitiger Fürwitz.**) 1621 wagte sich Pahsch Bastel von der Sohle an das Werk selbst, so wie es ihm in einer französischen und in einer englischen Übertragung vorlag.***) Er brach beim 22. Kapitel ab.†) Don Quijote de la Mancha hiefs zu Deutsch: Juncker Zwarckflachens aufs Flechenland. Ganz wurde der Don Quijote erst 60 Jahre später übersetzt.

Wenn wir zu den bereits angeführten Übersetzungen noch die „Historia de Aurelio y Isabela" des Juan de Flores von Christian

---

à l'Espagne que revient l'honneur d'avoir fait sortir le roman de ces éternelles descriptions de coups de lance, d'aventures merveilleuses et invraisemblables, des fadeurs, des bergeries, du convenu en un mot et du faux pour le transporter dans le domaine de la réalité", so ist nur zu bemerken, dafs auch viele dieser „aventures merveilleuses", dieser „fadeurs" etc. auf spanischen Schultern lasten.

Einen Artikel von Payer: Die Schelmenromane, ihre Berücksichtigung und Verbreitung in Österreich-Ungarn in VII B. der Österreich-Ungarischen Revue, habe ich leider nicht lesen und benutzen können.

*) Diese Novelle war in Deutschland beliebt. 1624 erfolgt zu Leipzig ein neuer Druck derselben, ein weiterer um 1656, und noch im folgenden Jahrhundert 1724 eine neue Ausgabe. Vgl. Goedecke II 577.

**) Sie wurde später dramatisiert. Der unzeitige Vorwitz fand sich schon 1670 im II. B. der englischen Komödien und Tragödien. Vgl. die Einleitung zu der deutschen Übersetzung des Don Quijote von Braunfels.

***) Die erste französische Übersetzung des Quijote ist die von François de Rosset Paris 1618, die zweite die vom berühmten Übersetzer Cesar Oudin. Paris 1620. Die erste englische Übersetzung rührt von Shelton her und erschien in London 1620.

†) Bobertag B. II S. 29 spricht von der Geschichtlichkeit des Übersetzers. — Dieser verstümmelte Don Quijote oder Juncker Zwarckflachens wurde zu Cöthen 1621 gedruckt. — Weitere Drucke 1648, 1669 u. s. w.

Pharemund, wahrscheinlich nach einer italienischen Vorlage verdeutscht*), ferner die von einem Georg Friedrich Messerschmidt in
Strafsburg 1626 erschienene Übersetzung der Novellensammlung des
Antonio de Torquemada: „Jardin de flores curiosas" nach dem Italienischen des Malaspina**) und endlich vom Jahre 1630 das „Gefängnis
der Liebe" von Khuffstein nach dem sehr verbreiteten „Carcel de amor"
des Don Diego de San Pedro (Bobertag II. S. 29) hinzufügen, so
haben wir bereits die Aufzählung der Romane und romanhaften Erzählungen erschöpft, welche vor den Originalwerken eines Moscherosch
und eines Grimmelshausen von Spanien aus, mittelbar oder unmittelbar nach Deutschland gelangten.

Neben dem realistisch-satirischen Roman erfreute sich aber auch
der Idealroman in pastoraler Einkleidung einer kräftigen Blüte. Noch
einmal ging Spanien schöpferisch voran, befruchtete die Nachbarländer,
und gab den Deutschen, wie den Italienern Franzosen und Engländern
die „Diana" des Montemayor. Mit der „Arcadia" des Philipp Sidney,
und der Astrée des Honoré d'Urfé***) gehörte die „Diana", die Mutter
dieser Pastoralen, zu den beliebtesten Erzählungen. Sie wurde, 41 Jahre
nach der ersten französischen Übersetzung, von Hans Ludwig Khuff-
steiner verdeutscht und erschien im Jahre 1619 zu Nürnberg, wo das
Schäferwesen, wie Scherer sagt „sich ein besonders warmes Nest"
baute†). Dieses Kind südlicher Phantasie††) wirkte später verhäng-
nisvoll. Die „Diana" und die daraus entstandenen Nachahmungen, die
vom Auslande her ihren Weg nach Deutschland fanden, erzeugten zu
viele vermeintliche Schäfer und zu wenig wahre deutsche Dichter. Sie
erforderte eine zu grofse Stärke der Abstraktion und lähmte die Kraft
gesunder Empfindung. Aber die Pegnitzschäfer fanden darin ihr ideales
Streben verwirklicht, und der grofse, aber unpoetische Opitz, malte
sich, nachdem er selbst Einiges, freilich sehr Weniges, aus dem ersten

---

*) Bobertag B. II 29.

**) Daselbst, wo auch von der Verdeutschung des Landgrafen Hermann von Essen
vom Jahre 1652 die Rede ist.

***) Die „Astrée" besonders war von den Deutschen viel gelesen und viel bewundert.
Darüber Ztsch. f. neufranz. Sprache und Litteratur. B. V. S. 107 ff.

†) Scherer „Geschichte der deutschen Litteratur" a. a. O. S. 360.

††) Über die Diana. Vgl. Schönherr, Jorge de Montemayor Halle 1886. Schön-
herr ist aber in seiner Bibliographie der Übersetzungen sehr unzuverlässig. — Über die
Pastoralen, besonders über ihre Blüte in Italien, Torraca: La Materia dell' Arcadia del
Sannazaro. Città di Castello 1888 und Scherillos vorzügliches Buch: Arcadia di Jacobo
Sannazaro secondo i manoscritti e le prime stampe. Torino 1888.

Buche der „Diana enamorada" des Gil Polo übersetzt hatte*), auch eine Arkadia. Er dichtete die „Schäfferey von der Nymfen Hercynia" (Breslau 1630 — Tittmann. Ausgewählte Dichtungen von Martin Opitz. Leipzig 1869. S. 152 ff.) und träumte sich als Hirt, als Bauernknecht sogar.

Mit der Schäferei wuchs das Verlangen nach dem Fremdartigen. Die Dichter verkleideten sich als Gelehrte. Die Kenntnis der spanischen Litteratur war bald keine Seltenheit mehr. „Die spanische Literatur die zu unseres Opitzens Zeiten in Teutschland so geehrt und benutzt wurde" sagte Bertuch in seinem Magazin**). Georg Philipp Harsdörffer, der Stifter des pegnetischen Blumenordens (im Jahre 1644), ist ein Beweis dafür.

Er hatte 1646 die Übersetzung der „Diana" von Khueffstein umgestaltet und Gil Polos Fortsetzung, von ihm selbst verdeutscht, hinzugefügt***). Auf dem Titelblatte dieser Diana war ausdrücklich bemerkt: „Mit reinteutschen Red- wie auch neu üblichen Reimarten ausgezieret." Diese aus Spanien importierten sehr gewagten Reimarten erregten später die Bewunderung von August Wilhelm Schlegel†). Die spanischen reimlosen Verse (versos sueltos) mochte Harsdörffer nicht leiden. Mit Recht, denn sie widersprachen völlig dem Versifikationsgenie der Spanier. In seiner „Reimkunst", welche 2 Jahre nach der Übersetzung der Diana erschien: „Poetischer Trichter, die Teutsche Dicht- und Reimkunst in sechs Stunden einzugiefsen" (Nürnberg 1648), sagt er ausdrücklich, dafs diese versos sueltos „keine Lieblichkeit nicht haben und weder zur Erzehlung noch zur Bewegung der Gemüter dienlich scheinen" (S. 40)††).

---

*) Vgl. Martin Opitzens Teutsche Gedichte von Daniel Wilhelm Triller. II B. Frankfurt a. M. 1736. S. 537.

**) Bertuch: Magazin der spanischen und portugiesischen Litteratur. B. I. Weimar 1780. Vorrede. IV.

***) Zwei weitere Ausgaben dieser „Diana" erfolgten im gleichen Jahrhundert, die eine 1661, die andere 1663.

Vgl. Goedecke III 109. Über die klägliche „Diana" von 1750, eine Übersetzung aus dem Französischen vgl. Schönherr S. 88.

†) A. W. Schlegel in Atheneum III. S. 326 f „Das unerhörte Wagestück mit drei verschiedenen Reimen nach einander hat übrigens schon im vorigen Jahrhundert Harsdörfer in seiner Übersetzung der Diana des Gil Polo glücklich bestanden, in welcher er überhaupt schon zum Teil auf dem richtigeren seitdem verlassenen Wege ist, was die Nachbildung der spanischen Gedichte betrifft."

††) Auch den spanischen Sonetten „in welchen die Reimart unverändert bleibet, doch jedes mals eine andere Meinung schliefset" zeigt der geschmackvolle Harsdörffer eine entschiedene Abneigung. Vgl. K. Borinski: Die Poetik der Renaissance und die Anfänge der litterarischen Kritik in Deutschland. Berlin 1886. S. 199.

Seine Kenntnis der spanischen Litteratur hatte Harsdörffer schon früher in den „Frauenzimmer Gesprechspiele" (1641—1649) gezeigt. Er war ein grofser Kenner fremder Bücher und prahlte gerne mit seiner Gelehrsamkeit. Am Rande seiner für uns unverdaulichen, recht langweiligen Gespräche, finden wir sorgfältig die ausländischen Schriften, welche er benutzt hatte, verzeichnet. In der Erklärung eines Sinnbildes (5. Teil), wo sich ein schwer beladenes Schifflein mit vollen Segeln danebengezeichnet findet, sagt Harsdörffer, wohl sich selbst rühmend:

Du spielest durch die Wind und helle Silberwogen
umschiffst die gantze Welt der klugen Wissenschaft.

— — — — — — — —

in Welschland, Spanien, in Frankreich, Niederland
so theuerwerthe Waar führst du an Teutschen Strand.

— — — — — — — —

und am Schlusse:

Dein Arbeit bringet uns viel schöne neue Waaren
die du zu Teutschen Nutz im fremden Land erfahren*).

Gewifs war keiner unter den Deutschen jener Zeit so gut unterrichtet in spanischen Dingen wie Harsdörffer**). Er kannte die „Arcadia" des Lope de Vega vorzüglich und mit dem „Dialogo dei giuochi" des Italieners Bargagli (Venezia 1581) und dem damals sehr verbreiteten „Cortegiano" des Baldassarre Castiglioni diente sie ihm oft als Vorbild. Er gestehet, dafs er sein Werk „aus Italiänischen, Frantzösischen und Spanischen Scribenten" zusammengesetzt hat. — Die Spanier hielt Harsdörffer für „grofsmütige und ansehliche Männer"***), und ihre Schriften schätzte er so sehr, dafs er unwillkürlich immer und immer wieder auf dieselben verweist. Am liebsten war ihm die Sprüchwörter-Litteratur. Auf je 50 Seiten seiner umfangreichen Bände fällt ungefähr die Erwähnung eines spanischen Adagio.

*) Gesprächspiele V. Teil Nürnberg 1645 III Sinnbild.
**) Die Bedeutung Harsdörffers für die litterarischen Beziehungen zwischen Spanien und Deutschland haben meines Wissens nur erkannt: Gervinus: Geschichte der deutsch. Litt. III 298 und Creizenach in der Allg. deut. Biogr. (X 645) wo er sagt: „Mit welch umfassender Belesenheit er dabei die auswärtigen Litteraturen zu Rate zog, beweisen die Verzeichnisse der Quellenschriften, die er jedem Bande angehängt hat und die uns namentlich auch die immer noch nicht hinlänglich gewürdigten spanischen und italienischen Einflüsse auf die Litteratur der Deutschen im 17. Jahrhundert erkennen lassen". A. Ebert in seinem (in meiner Vorbemerkung erwähnten) Aufsatze in der Deutschen Vierteljahrschrift 1857 II. Heft läfst die Gespräche Harsdörffers unerwähnt. — Über die Gesprächspiele selbst vgl. die ausführliche Behandlung bei Tittmann: Die Nürnberger Dichterschule: Harsdörfer, Klaj, Bircken, Göttingen 1847 u. K. Borinski: Poetik S. 173 ff.
***) Gesprächspiele II. T. Nürnberg 1642 S. 186.

3

Die Proverbios des Marquis von Santillana, Don Iñigo Lopez de Mendoza kennt er aus einer Ausgabe von Antwerpen 1596*). Dieselbe scheint sich mit den in Deutschland später sehr bekannten „Empresas políticas" des Diego de Saavedra y Faxardo beständig auf seinem Schreibtisch befunden zu haben. Wir begegnen den Maximen: „Quien bien sirve, harto piete" „Honra de palabras vale mucho y cuesta poco" „Decid mentiras y sacareis la verdad" bald in deutscher, bald in spanischer Sprache. Harsdörffer war ein besonderer Freund von lustigen Erzählungen, ungeachtet dafs er auch Mordsgeschichten schrieb, und fand, dafs die Spanier (Gesprächsspiele I T. S. 265) „in Beschreibung der Lustgedichte jederzeit fast bemüht gewesen" seien „unter ihnen aber habe besonderliches Lob: Las Empresas Políticas de Don Diego Saavedra, las obras de Juan Peuz (sic für Perez) de Montalvan, á saber: Los Prodigios de amor"**), Para todos, los proverbios Morales de Alonso de Barros***), la Picara Justina de Fransisco de Ubeda, la Arcadia de Lope de Vega, Diego de la Noche†), Mozo de muchos annos††) und viele andere. Für die wirklichen Hauptwerke der spanischen Litteratur hat Harsdörffer aber keinen Sinn. Cervántes wird erwähnt, aber weder sein „Don Quijote" noch die „Novelas ejemplares" wurden für die Gesprächsspiele benutzt†††). Er wünscht, dafs mehr Spanisches verdeutscht werde und zwar: „In Teutscher Sprache aber solte zu Erfolg meines geringes Vrtheils übergesetzet werden können: las Novelas Morales des Diego Agrada*†)

---

*) Diese Sprüchwörtersammlung war ein sehr beliebtes und volkstümliches Buch. Vgl. José Amador de los Rios Vorstudie zu den Obras de D. Iñigo Lopez de Mendoza, Marques de Santillana Madrid 1852. — Über spanische Sprüchwörter vgl. Haller: Altspanische Sprüchwörter aus den Zeiten vor Cervántes L T. Regensburg 1882. II. T. Reg. 1883.

**) Sucessos y prodigios de amor en ocho novelas exemplares Madrid 1624.

***) Vgl. Gallardo. Ensayo de una billioteca Española T. II. S. 53 ff

†) Vom bekannten fruchtbaren Novellendichter Salas Barbadillo.

††) Von Jerónimo de Alcalá Yañez y Ribera (Mad. und Barcel. 1624). Eine „Segunda pare" des „Alonso de muchos años" erschien in Valladolid 1626, cf. Gallardo: T. I. S. 66 ff.

†††) Die Novellen des Cervántes, des Antonio de Eslava und anderer Spanier wurden aber in den beiden Werken Harsdörffers: „Der grofse Schauplatz Lust und Lehrreicher Geschichte" (Frankfurt 1659—51) und „der grofse Schauplatz jämmerlicher Mord-Geschichte" (Frankfurt 1632) fleifsig verwendet.

Lustige und traurige spanische Geschichten hat Harsdörffer immer mit Vorliebe erzählt.

*†) Er meint die 12 Novelas morales / vtiles por sus documentos / compuestas por don Diego Agreda y Vargas. En Madrid por Tomas Junto. Impresor del Rey nuestro Señor 1620. — Bereits 1621 erschien eine französische Übersetzung der Novelas des Agreda durch Baudoin.

(sic), welcher unter allen andern mit sonderm Nutzen den Leser be-
lustigt" (Gespr. I. Abschnitt: Das Verlangen S. 266). Ein sehr be-
scheidener Wunsch! — Aus der reichen Dramatik der Spanier war
ihm nur Einiges von Lope de Vega bekannt. Äufsert er sich über
das spanische Theater, so beruft er sich ganz und gar auf Juan Perez
de Montalvan: „Para todos" (1632 zuerst erschienen). „Die Spanier"
sagt Harsdörffer nach Montalvan, „gebrauchen in ihren Freudenspielen
keine andere Abteilung / aufser den Handlungen: setzen also nicht
darzu / der erste / zweite / dritte Aufzug / sondern nur der gehet ab /
der gehet ein / u. d. g. Zudem haben ihre Freudenspiele insgemein
nicht mehr als drey Handlungen / welche sie Tagreise nennen / weil
in einer Stund so viel als in einem Tage geschehen / sol verhandelt
werden / doch trifft es nicht allezeit zu (Gesprächs. V. T. Nürnberg
1645 S. 339)*).

Einen grofsen Nutzen aus all diesem Prunk fremden Wissens konnten
die Leser Harsdörffers nicht ziehen. Der Verfasser war aber seiner
vornehmen Kenntnisse wohl bewufst. Er war stolz auf den Haufen
fremder Bücher, die er zuerst seinen Landsleuten vorführte: Am
Schlusse des II. Teiles der „Frauenzimmergespräche" stellte er sein
Magazin einheimischer und ausländischer Bücher zur Schau und ver-
fertigte ein: „Register etlicher Scribenten welcher sich der Verfasser
zu Behuff der Gesprächspiele bediente". Darunter sind die Spanier
wie folgt vertreten**):

Boscan — Obras — Antwerpen 1597.
Cavallero determinado — Antwerpen 1597***).
Celestina — Alcalá 1586.
Cervantes — Novelas exemplares — Venezia 1616.
Cervantes — Don Quixote de la Mancha — Alcalá 1607.
Cervantes (Don Francisco de Cervantes de Salazar) Apólogo de
la ociosidad Alcalá 1546.
Gonzalo de Cespedes — Gerardo — Barcelona 1618†).
Sta. Cruz. Floresta Española. Brüssel 1596††).

---

*) Über die Akteneinteilung in Harsdörffers Stücken, welche oft an die spanischen
„Jornadas" erinnert Borinski: Die Poetik der Renaissance etc. S. 220 f.

**) In der Liste wird die alphabetische Ordnung bewahrt. Noch erstaunlicher ist
die Belesenheit Harsdörffers in der italienischen Litteratur.

***) Von Fernando de Acuña. Es ist eine freie und poetische Bearbeitung des „Chevalier
délibéré" von Olivier de la Marche.

†) Die 5. Ausgabe von dem 1615—1617 in Madrid erschienenen: „Poema trágico
del Español Gerardo y desengaño del amor lascivo" von Gonzalo de Céspedes y Meneses.

††) Gemeint ist die „Floresta de apotegmas" von Melchior Santa Cruz de Dueñas
(zuerst 1574 erschienen).   3*

Antonio de Guevara — Cartas. Antwerpen 1603.
Antonio de Guevara — Despertado de cortesanos. Antwerpen 1603.
Juan de Huarte — Examen de Ingenios para las ciencias. Antwerpen 1603.
Iñigo Lopez de Mendoza — Proverbios — Antwerpen 1596.
Pedro Mexia — Silva de Varia Leccion — Antwerpen 1683*).
J. de Montemayor — Diana — Milano 1616.
A. Perez — Relaciones y cartas — Paris 1624.
Juan Perez de Montalvan — Novelas — Brüssel 1626.
Quevedo — Sueños y discursos de verdades descubiertas — Rouen 1629.
Rodomuntadas Castellanas — Rouen 1617 (Rouen 1637?)**).
J. Támara. De las Costumbres de todas las Gentes del Mundo. Antwerpen 1556***).
Lope de Vega Carpio — Et Peregrino en su patrra — Brüssel 1608.
Lope de Vega Carpio — Arcadia — Antwerpen 1611.
Lope de Vega Carpio — Comedias — Antwerpen 1611.
Hurtado de la Vera — Doleria — Antwerpen 1572.
Eine lange und bunte Reihe, wie man sieht. Und sie ist nicht vollständig. Harsdörffer zählt die spanischen Schriftsteller, welche im Kapitel über das Verlangen erwähnt wurden, nicht mit und unterläfst es, die von ihm gebrauchten religiösen Werke des grofsen Redners Luis de Granada (Gespr. I. T. S. 17), die „Policia christiana des Juan de Santa Maria" (I. T. S. 33), die „Cartas del Cavallero de la Tenaja" des Quevedo (I. T. S. 205) zu erwähnen. Von Quevedo hat Harsdörffer einiges aus der Schrift: „De todas las cosas des mundo y áun más, in seiner Redekunst übersetzt" (Gespr. V. T. S. 359).

IV.

„O Spanien! O Madrit! wir hören nicht gar gerne
Anjetzund mehr von euch, ob ihr dem Morgensterne
An Pracht und schöner Zier, gleich vorzuziehen seyd
Nachdem der beste Ruhm, und Ehre dieser Zeit
Bei euch verblichen ist"

---

*) Ein damals und lange noch sehr beliebtes und vielgelesenes Buch, welches zuerst in Sevilla 1543 erschien, 1552 im französischen (Les diverses leçons) von Gruget 1571 ins Englische von Thomas Fortescue 1557 ins Italienische von Alfonso de Ulloa übersetzt.

**) Nicht zu verwechseln mit den „Rodomontadas Españolas", welche 1675 in Venedig spanisch, italienisch, französisch und deutsch erschienen.

***) Tamaras „Costumbres" sind 1553 zu Antwerpen unter dem Titel: Suma y compendio de todas las chronicas del mundo desde su principio hasta el año presente" erschienen.

sang Martin Opitz*), der zwei Jahre früher, als Spinola mit seinen „Maranen" (so nennt er die Spanier)**) Heidelberg eingenommen, nach dem Norden geflohen war, bei Gelegenheit des Todes des Erzherzogs Karl von Österreich (1621).

Gewiſs, wenn auch einige deutsche Dichter um die Zeit des dreiſsigjährigen Krieges sich von der Phantasie der Spanier hinreiſsen lieſsen und spanische Bücher für ihre Spitzfindigkeiten benutzten, so herrschte doch in Deutschland im Volk wie unter Gelehrten und Dichtern eine ziemliche Verstimmung gegen die gesunkene spanische Nation, die sich nun wieder in ihren eigenen Geschäften mischte.

Schon bei Beginn der Unruhen in Böhmen (1618) hatte Spanien einen aktiven Teil an dem Kriege genommen. Spanische Soldaten überschwemmten bald zu Tausenden das unglückliche Deutschland. Spinola kam mit seinem siegreichen Heere und diktierte Gesetze den deutschen Landgrafen und Herzögen. Mit Spinola befahlen Baltazar Maradas aus Valencia und Guillermo Verdugo de Córdova, den das Volk im Norden zu einem „Cordenbach" gemacht hatte. Erst als Spanien durch Richelieus Politik (1636) so sehr verwickelt wurde, daſs ein energisches Vorschreiten in seinen eigenen Geschäften erfolgen muſste, räumten die spanischen Truppen den Schauplatz des dreiſsigjährigen Krieges.

In den Flugschriften dieser Zeit spiegelt sich, wie einige Jahrzehnte früher, die Verbitterung des deutschen Volkes gegen Spanien wieder. Genügte die Politik nicht, so wurde auch die Religion angegriffen. Man erzählte sich von Gewalttaten, Zügellosigkeiten, Miſshandlungen jeder Art. Was sollten diese Fremden im Vaterlande bedeuten?

> Fort mit dir Tyrann, Spanisch Katz,
> Von unserem deutschen gefreiten Platz,
> Daſs nicht der deutsche Ritter alt
> Dein Herz in tausend Stück zerspalt***).

---

*) Martin Opitz. Teutsche Gedichte von Triller, B. II S. 466.

**) Marrani nennt auch Marino die Spanier. In einem Sonette gegen die Spanier sagt er:

Il Papa è Papa, e voi sete Marrani

Catolici bastardi, hebrei legitimi.

Aber Marino bewunderte Spinola den „mio gran Marchese" und pries seine Siege in Sonetten. Vgl. M. Menghini: La vita e le opere di Giambattista Marino Roma 1888. S. 363 u. 365 f.

Das Wort Marrano als allgemeine Bezeichnung eines Spaniers war in Italien schon Ende des 15. Jahrhunderts üblich. Es kommt bei Pamfilo Sasso schon vor.

***) Vgl. K. Hagen. Zur politischen Geschichte Deutschlands. Stuttgart 1842 S. 313.

nommen. Er rettete mit Mühe sein Leben und beschlofs scheinbar
Nichts mit dem Kalifen*). 1152 hatte sich eine Prinzessin deutschen
Blutes mit dem König Alfons VII. von Kastilien vermält**). Ein
Jahrhundert später war Alfons X. „Sabio" in der Litteratur, aber
schwach, unklug und unglücklich in politischen Geschäften, nach dem
Tode des deutschen Königs Wilhelms (1255), durch den Erzbischof
Arnold von Trier eifrig getragen, am 1. April 1257 zum König der
Deutschen ernannt worden. Er teilte die Regierung mit einem zweiten
König der Deutschen, mit Richard von Kornwall (13. April 1257 ge-
krönt), aber er kümmerte sich um die fremden Untertanen noch viel
weniger als der englische Monarch, überliefs die Fürsten ihren Fehden
und betrat den deutschen Boden nie***). Er war in Spanien gequält
genug.

Italien weit mehr als Spanien mufste die Deutschen beschäftigen.
Wollten Deutsche die Liebe zum Fremdartigen befriedigen, so zogen
sie gerne ins römische Reich, ins Land der Päpste. So tat es Thomasin von Zirclaria, so auch der gröfste der Minnesänger Walther von
der Vogelweide†). Spanien lag auch zu ferne und bot dem streng
sittlichen und religiösen Germanen nichts anderes als einen Wahlfahrtsort für seine Andacht: die Reliquienstadt Sanct Jacob von Compostella.
Sonst begnügte man sich damit, von den Namen einiger spanischer
Städte im „Rolandslied" des Pfaffen Konrad zu hören, die man erst
noch auf dem Umweg über Frankreich erfuhr, wo Sibilie (Sevilla),
Corders (Córdova), Sarraguz (Zaragoza), Tortolose (Tolose) erwähnt
werden. Mehrere Lokalitäten in der Gralsage, im „Parsifal" Wolframs
von Eschenbach wie Munsalvaesch, Salvaterre, Zazamanca (Salamanca),
Azaguz (Zaragoza) u. s. w. deuteten ebenfalls nach Spanien. Man erzählte sich von „Flore und Blanscheflur, wie sie, nach ihren bitteren
Lebens- und Liebesschicksalen glücklich über Spanien herrschten, von
den Greueltaten des Königs Anthenor aus Hispanien im „Malagis" und
von der Treue des Spaniers Gaudin in „Partonopier und Meliur"
Konrads von Würzburg. Konrad von Stoffel erlaubte sich den Spafs,
seinen Genossen anzugeben, dafs ein in Spanien erworbenes Buch als
Vorbild zu seinem „Gauriel" gedient habe. Es war natürlich eine

---

*) Vgl. Giesebrecht. Geschichte der deutschen Kaiserzeit B. I. T. II. S. 504 ff.

**) Giesebrecht B. V. S. 18.

***) Vgl. Raumer. Geschichte der Hohenstaufen und ihrer Zeit IV. B. Leipzig 1841
S. 364 ff.

†) Vgl. den Aufsatz v. Boner: „L'Italia nell'antica letteratura tedesca" zuerst in „Il
Momento" von Palermo 1884 Nr. 18, dann in „Nuova Antologia" 1887 Juni.

winnen, es sollte Granada zurückerobert werden, Columbus sollte im
gleichen Jahre 1492 eine neue Welt entdecken, welche dem Scepter
der kastilischen Könige gehorchen mufste, bevor Spanien, stolz auf
seine Macht — eine politische und litterarische Rolle spielen konnte.
Dann stellte es sich aber auch an die Spitze aller Völker, und Kaiser
Karl V. und seine Nachfolger träumten eine Universalmonarchie, unter
ihrer Leitung. Alsdann lernte auch Deutschland Spanien kennen.

I.

Etwas von den litterarischen Schätzen der spanischen Lateiner
gelangte als gelehrter Stoff nach Deutschland und wurde dort, wie
überall, in neuen weitläufigen Abhandlungen von den Mönchen bearbeitet. Isidor von Sevilla war eine unerschöpfliche Quelle. Er beherrschte die ganze klösterliche Gelehrsamkeit des Mittelalters. Mit
ihm lieferte der Spanier Orosius am meisten Material zu neuen gramma-
tikalischen und geschichtlichen Werken. Nachdem die Wut des Paraphrasierens aufgehört hatte, konnte Spanien sich rühmen, teilweise
durch seine vortrefflichen Schulen in Córdova, Sevilla, Toledo, und
vollends durch die „Disciplina clericalis" des Petrus Alphonsus, als
Vermittler zwischen Morgen- und Abendland gedient zu haben. So
strömte die orientalische Symbolik, die Allegorie, die moralische Belehrung in Form von Novellen und Beispielen nach Deutschland, fast
ebenso zahlreich, wie nach Frankreich selbst. Drei Fabeln seines
„Edelsteins" entlehnte noch Ulrich Boner um die Mitte des 14. Jahrhunderts dem Werke des Petrus Alphonsus*). Der „Disciplina"
entnahm um 1480 Heinrich Stainhoevel einige Schwänke für seinen
„Esopus" **).
Dafs sich die Deutschen um die Ereignisse in Spanien Jahrhunderte
lang gar nicht bekümmerten, kann uns nicht wundern. Eine tiefe
politische Kluft liefs beide Länder getrennt. Zwar hatte Kaiser Otto I.
um 953 zur Regierungszeit Abderrahmanns III., des mächtigsten
Herrschers über Spanien unter den Omejaden, eine Gesandtschaft
dieses Kalifen empfangen und erwidert. Der Mönch Johannes von
Gorze hatte seine gefährliche patriotische Reise nach Córdova unter-

---

*) Nr. 71, Nr. 74, Nr. 76 der Ausgabe Pfeiffers. Leipzig, 1844.
**) Stainhoevel verdeutschte auch 1472 das „Speculum Vitae humanae" des Roderici
Zamorensis. Vgl. Goedecke Grundrifs B. I S. 370. — Stainhoevels „Aesop" wurde auch
ins Spanische übersetzt. Die 2 ältesten Ausgaben davon sind die von Zaragoza (1484)
und Burgos (1495). Vgl. H. Knust, Stainhövels Aesop in „Zeitschrift f. deutsche Philologie."
XIX, 206 ff.

Ein Jeremias Jonaemann von Wahrpurg schreibt gleich beim
Ausbruch des Krieges ein „Spanischer Haderkatz", das ist ein wahrer
Bericht von den spanischen Mausfallenmachern, welche zwar nicht
den Mausen, Katzen und anderem Ungeziefer, sondern den Menschen,
hohen und niederen Standespersonen, ihr Mausfallen stellen und
damit zu fangen und zu verschlingen begehren, auch allbereit viel
100 000 gefangen und jämmerlich umbracht und gefressen (1618
gedruckt)*). Und was hat man nicht gegen Spinola, gegen die
Papisten, gegen die Jesuiten geschrieben! Vergebens suchen wir in
dieser patriotischen Litteratur der niederen Stände, in diesen unpoetischen
Volksergüssen ein Zeichen der Sympathie, ein Wort, das nicht Tadel,
Hafs und Tod gegen die fremden spanischen Eindringlinge klingt.
Eine Broschüre von einem Schweizer, Theophilus Wahrmundt von
Todtenheim verfafst (vermutlich ein Pseudonym): „Wessen man sich
gegen Spanien versehen sol" betitelt und 1618 gedruckt, spiegelt
ungeachtet ihrer oft kindlichen Äufserungen die eingewurzelte Ver-
stimmung jener Zeit gegen Spanien getreu ab**). Die Schrift, bittet
der Verfasser in der Vorrede, wolle man „nach angeborner heroischer
Liebe zu gemeinem Vatterland, am besten verstehn". „Wir haben
vns eben des gegen dem Spanier zu versehen", fängt die Schrift an,
„wessen sich vorzeiten Mardocheus vnd sein Volk gegen dem
Haman bey dem Keyser Assuero versehen musten". Man soll
Spanien und seine Einwohner einfach der Vernichtung preisgeben.
Der Spanier ist geschworener Todtfeind der Deutschen, er ist ehr-
geizig, er möchte der ganzen Welt seine Allmacht imponiren, er
meint zwar, sein Land sei zu schön, um andere Länder zu begehren
und sagt, dafs „Granaten | Citronen | Limonen vnd Pomerantzen" bei
ihm in Fülle wachsen. Zu dem antworte man, dafs solche Frucht
zwar köstlich seind | aber wenig taugē wañ mañ nit ein gut gebratens
darzu hat | wie er (der Spanier nämlich) wol weiss | dz wir dessen vff
vnsern Bergen von Kälbern, Ochsen | Stein — vñ Haselhürnern | son-
derlich zu Genff vnd Losanna die feistē Copaunen haben | da dañ
ein trunck Reyff, vn Reinwein sehr gut darzu schmäckt". Falschheit

---

*) Hagen. Daselbst S. 312.
**) Wessen man sich gegen Spanien versehen sol —. cum Licentia Superiorum 1618
(ohne Druckort). Den woll Edlen, gestrengen Nothvesten Junckherrn Nicolaus von
Mulmen | Obristen-Leutenampt | vnnd defs Raths wollöblicher Statt Bern | vnd Junck-
herrn Niclaus von Diessbach | Hauptman | vnd Landvogt zu Yverdun | Meinen sonders
vielehrenden grofsgunstigen Junckherrn. (Den Namen des Verfassers vernehmen wir
erst aus dem letzten Blatt der Broschüre.)

und Betrug charakterisieren die Spanier: „Ob gleichwol die wort eitel Zucker vnnd Honig seind | so haben wir doch schon offt erfahren, dafs die werck nichts anders dann Gifft vnd Gallen haben ; also dafs jener Spanier wol wusst | was er vor Keyser Carl sagen dörffen: Die spannische Sprach seye die lieblichste | vnder allen Sprachen | in massen die Schlang | da sie Evan betriegen wolle, habe spanisch geredt". Es folgen zahlreiche Beispiele über die Unduldsamkeit der Spanier, welche Bischöfe, Theologen und Geschichtsschreiber wie Reynald Polus, Paolo Giovio, Guicciardini und andere bezeugten. Briefe und Siegel sind kein Hindernis für die Fälschungen, welche die Spanier überall anbringen. Ihre Grausamkeit kennt keine Grenze. Wie haben denn die Spanier die eroberten Völker in Amerika behandelt! „Die Spanier haben 20 000 mal tausend America ermördet | bezeugt Bartholomaeus de las Casas*) spanischer Bischoff | so es selbs gesehen vnd gaben dies Spanier damahle einē Hund | Bezer genandt ! einē gewissen sold | das er viel Americaner jämerlich zerrissen hatte". Ein dutzend von Psalmsprüchen ungefähr schliefsen in ganz feierlichem Ton diese merkwürdige Flugschrift. Einer davon: „Zerbrich Herr den Arm des Gottlosen | vnd sihe des böse | so wird man sein gottlos wesen nimmer finden". Nach den Invectiven unseres Wahrmundt, verzweifeln wir völlig auf die Wiederversöhnung von Deutschen und Spaniern und müssen wahrhaftig mit dem Pamphletisten ausrufen:

Dem Edlen Teutschen Blut,
Ist Spanien nicht ein Bifslein gut.**)

An eine Reise nach Spanien, zur blossen Unterhaltung, oder um „eine gröfsere Erfahrung des Lebens zu gewinnen," nach Rožmitals Sitte dachten die Deutschen dieses Jahrhunderts nicht, viel weniger

---

*) Das erste Mal, dafs mir der Name des edlen Bischofs von Chiapa in deutschen Schriften begegnet — Vasco de Quiroga u. Quevedo hatten gleich Las Casas ihre Stimme gegen die grausame Behandlung der Indier erhoben. — Aus einem Anhang zur Broschüre geht hervor, dafs der Verfasser ein bischen Spanisch verstand. Er erwähnt in der Ursprache einige barbarische Sentenzen des Herzogs Alba und giebt die Übersetzung davon.

**) Man vergleiche zu den Flugschriften Litteratur der Deutschen gegen Spanien, die patriotischen Anklagen der Italiener, eines Trajano Boccalini in seinen „Ragguagli al Parnaso," in der „Pietra del paragone politico," eines Tassoni in seinen „Filippiche contro gli Spagnuoli." Die Italiener freilich hatten mehr Grund als die Deutschen das fremde, spanische Joch zu verdammen.

Vgl. D' Ancona: Il concetto dell' unità politica nei poeti italiani „in Studi di critica e" storia litteraria, Bologna 1880. — Dafs das Buch Campanellas „De Monarchia Hispanica" in Deutschland übersetzt (1623) und commentiert wurde, ist jedem bekannt.

noch als die Franzosen. Hatten sie keine politische Sendung zu erfüllen, so blieben sie gerne daheim. Martin Zeiller erklärte, wefshalb die Deutschen nicht gerne Spanien bereisten: „Dieweil Erstlich solche Raisen nit ohne sondere gefahr / vnd mit grofser Vngelegenheit geschehe / zum andern weiln wegen der Spanier Sitten / gebrauch / vnd art zu leben / wenig bey jnen zu lernen, vnd dann Drittens / d(a)z auch nit vil sonderliches in selbigen Ländern zu sehe."*)

Wenig, nicht viel sonderliches in der Tat sah Johann Wilhelm Neumaier auf seiner um 1597 unternommene Reise durch Spanien.**) Er beklagte sich gleich im Anfange seiner Reisebeschreibung über die „gemeine Practic in Hispanien / wann man Schiff oder auch Geldes bedürfftig ist / dafs man dafselbige etwa vnter einem praetext arrestiret vnd solche sampt dem Gelde beheit" (S. 588). Als rechter Epikuräer sorgte er gerne für seinen Magen, wufste wo die besten Weine zu treffen waren, und unterliefs nie, die spärlichen Ventas zu zählen. In Madrid waren es die Ställe des Königs und die „Armaria real" welche

---

*) Martin Zeiler: Itinerarium Hispaniae, Reissbeschreibung durch die Königreich Hispanien vnd Portugal, Nürnberg 1637, Vorrede.

Um die Mitte des vorhergehenden Jahrhunderts, um 1560 konnte der vornehme Österreicher Bartelme Khevenhüller, eine Zeitlang ordentlicher Gesandter am spanischen Hofe nicht viel gutes in seinem „Reisebuch" von Spanien berichten. (Das Reisebuch 1549—1562 liegt als Manuskript im Archiv zu Thurnau. Vgl. Ad. Wolf: Geschichtliche Bilder aus Österreich B. I Wien 1878, S. 128). Khevenhüller traf oft mit deutschen Studenten und Kaufleuten zusammen. Er besuchte sogar, freilich sehr unregelmäfsig die Universitäten von Alcalá, und von Salamanca und machte gelegentlich auch eine Reise nach St. Jacob von Compostelle. Hier erging es ihm schlecht indem er die Erfahrung machte, die auch neuen Reisenden nicht erspart geblieben ist. Während die Gläubigen in der Kirche knieten, wagte der Fremde stehen zu bleiben Er wurde als ein Ketzer angesehen mufste das Credo und das Vaterunser einem Geistlichen vorsagen und entkam mit Mühe den Händen der Inquisition.

Dem spanischen Gesandten Joh. von Khevenhüller einem Vorfahren unseres Bartelme widmete Pinciano (der eine Zeitlang Hofarzt der Königin Maria von Österreich war) seine Poetik. Vgl. Philosophia / antiqua Poética / del Doctor Alonso / Lopez Pinciano Médico Cesáreo. ¡ Dirigiola al Conde Jhoanes Kevehiler de Aichelberg, Conde de Frankenberg. Baron absoluto de Landts ¡ cron y de Wernsperg u. s. w. En Madrid, ¡ per Thomas Junti MDXVI.

Das Tagebuch des Erich Lassota von Steblau (in Halle 1866 veröffentlicht) eines germanisierten Polen der vier Jahre in spanischen Dienste engagiert blieb, (1580—1584) kenne ich blos aus der spanischen Übersetzung Kozánski's: Viajes de extranjeros por España y Portugal a. S. 98 ff. — Nur aus einem Citat in K. Justi Velazquez B. II. S. 24 ist mir die Reisebeschreibung des Leipziger Diego Cuelbis (Handschrift des Britischen Museum) bekannt.

**) Hans Chilian Neumaier vom Ramsla, hat die Reise seines Vetters Johann Wilhelm herausgegeben: Reise durch Welschland vnd Hispanien Leipzig 1622.

ihm am meisten auffielen.*) Sonst fand er etwa noch den Escurial einer längeren Beschreibung wert und legte ein gewisses Verständnis für Kunst an den Tag. Auf der Rückreise gelangt er nach Bilbao und wird dort freundlich aufgenommen. „Ob wol das Volk allhier sich einer andern / vnd gar Barbarischen Sprache / davon man auch nicht ein einzig wort verstehen kann gebrauchet (S. 414).**)

Martin Zeiller, der berühmteste deutsche Topograph seiner Zeit, war nie nach Spanien gereist, und gab trotzdem, nach fleißiger Lektüre der „Frantzösischen Raisbuchern"***) und nachdem er aus einer ungedruckten Reisebeschreibung eines Deutschen vom Jahre 1617†), aus einigen Itinerarien, Guias de camino und lateinischen gelehrten Abhandlungen††) aus einigen Geschichtsschreibern†††) reiches Material geschöpft hatte, 1637 zu Nürnberg ein Buch so vollgestopft von Nachrichten jeder Art heraus, daß er damit den Glauben zu erwecken vermag, als sei die von ihm beschriebene Reise wirklich unternommen worden. Der „Lazarillo de Tormes" galt für Zeiller, wie für seine deutschen Genossen, als die Quintessenz des spanischen Charakters. Er gab den Fremden den besten Unterricht in spanischen Sitten. „Es wird an den Spaniern sonderlich der Stolz getadelt", sagt Zeiller (S. 39) „daß sie sich allen andern Nationen furziehen wollen, vnd daß sie mit ihrer gravitet, auch eine angenommene Ernsthafftigkeit vermischen / mit welcher sie sich fast bey jederman verhast machen. Von jhnen

---

*) Kulturgeschichtlich interessant ist was Neumaier des Abends in Madrid bemerkt (S. 396). „An etlichen Orten liegen die Leut vor den Häusern gar auff Betten, bleiben wegen der kuhlen Lufft / des Nachts allda vnd schlaffen. Ist also" fügt unser Reisende listig hinzu: „im Sommer die Abendzeit die allerlustigste in Hispanien."

**) Eine zweite Ausgabe der Reise Neumayrs besorgte J. G. Pagendarm in Jena 1734.

***) M Zeiller. Itinerarium S. 451—461.

†) Den Namen des Verfassers hat Zeiller nicht nennen wollen. Im I. Teil des Itinerarium wird auf ein N. N. oft verwiesen. Der II. Teil enthält die Reise des Ungenannten selbst. S. 158 bemerkt Zeiller: „Diese folgende Reise hat der in dem vorgehenden Capitel offt angezogene N. N. anno 1617 gethan / vnd fleißig beschrieben / die mir von einem guten Freund communicirt worden ist. Vnd dieweil dergleichen keine jemals von Spanien in den Druck kommen / vnd dahero schad were / daß sie andern zum besten nicht solte publicirt werden: Als(o) habe ich mich vnderstanden dieselbe offentlichen" u. s. w. „vnd dabey an vielen Orthen / aus andern Autoribus etwas mehrers / sonderlich der Königreich Länder vnd Städt Beschreibung hinzu zu thun".

††) Er citiert unter anderen: Joan de Laet: De Regis Hispaniae Regnis et opibus Zeillers Hauptquelle) — L. W. Neumayer: Spanische und Italienische Reise. — Ferner C. Ens: Deliciae apodemicae per Hispaniam. — Ambrosio de Salaza Inventarium Hispaniae: Almoneda general de las mas curiosas Recopilaciones de los Reynos de España Paris 1612.

†††) Ihre Namen werden meistens S. 69 angegeben.

seyn die grofse Titel / die Form zu schmeichlen / hochtrabende caeremonien / vnd dergleichen herkommen". Zu den Mängeln der Spanier gehört vor Allem ihre grofse Kunst zu scheinen: „Ob sie schon zum Zeiten wenig haben / so wissen sie doch jr Armuth gewaltig zu verhelen" (S. 41). Die Spanier sind „von Natur verschvigen, können wol dissimuliren", sie sind „der Astrologie ergeben / mehrertheils trawrig vnd vnfreundlich". Einen Vorzug mufs Zeiller ihnen doch zugestehen: „Vnnd man auch dieses by jhnen findet / wann sie zu einem eine affection gewunnen / dafs sie jhn / redlich / vnd beständig lieben. — Vnd sagt unser N. N. dafs sie sonderlich die Teutsche / wegen defs jetzigen Königs Fraw Mutter, hoch löblichster Gedächtnüfs / sehr lieb vn werth halten" (S. 44). Allein wenn Deutsche selbst nach Spanien kommen, so scheint diese Freundschaft aufzuhören: „Das Volk aleda / so gar eyferig / schrye vnsern Teutschen nach: Lutheranos, Hugenotes" (S. 266). In religiösen Dingen sind die Spanier „vber alle Nationen" und die Inquisition gedeiht vortrefflich in ihrem Lande. Sie unterscheiden sich durch Mäfsigkeit im Essen und Trinken und gewinnen defshalb an Kraft und Ausdauer*).

In der Kleidung unterscheiden sich die Spanier kaum von einander: „Denn ein Schneider / Schuster / Kesselflicker / in jrem Samet vnd Seiden daher gehn". — Über Adel und Stände verbreitet sich Zeiller dem Salazar y Castro folgend, in einer für seine Zeit gelehrten Abhandlung. Er zählt uns die Namen aller aristokratischen Familien auf und zwingt uns nachher bei seinen nicht gar erfreulichen Mitteilungen über schlechte Weiber, einige Seiten seines Buches schnell zu durchblättern. Die spanische Sprache findet Zeiller: „scharff / nachsinnig / kräfftig / kurtz / gravitetisch / voller Sprüchwörter" (S. 26). „Die beste ist die Castilianische vmb Valladolid, bifs auf Toledo zu / dieweil sie den meisten Theil Lateinische, wiewol etwas mit Mohrischen vermischte Wörter hat".

Nicht sehr vorgeschritten sind, in Zeillers Meinung, die gelehrten Studien in Spanien. Ein Mönch gehet nach Salamanca um Doktor zu werden und verstehet nicht einmal Lateinisch (S. 50). Dessen ungeachtet sind gute Theologen, Juristen, Ärzte, Philosophen, Geschichts-

---

*) S. 54 „Dieweil vor andern Völkern die Spanier von jugend auff zur Nuchterheit gewohnt werden / vnd sich mit einem geringen Essen / vnd meistentheils mit Salat / Rettich vnd Fruchten / betragen / vnd etwan ein wenig Hammelfleisch essen / so können sie auch im Krieg / vnd in einer Belagernng / besser / als andere Nationen / ausstauren". S. 41 Sie trinken „zu Haufs wenig / vnd wie Maginus sagt / so pflegen sie den Wein wol zu wässern".

schreiber und Dichter auch in Spanien gediehen. Eine äufserst trockene Namenaufzählung soll uns davon überzeugen. Unter den Dichtern ward nur nebst den spanischen Lateinern der König Alfonso el Sabio und Raimundus Lullus genannt*).

Im „Fidus Achates" oder „Getreuer Reisgefert," einem Reiseitinerarium durch Deutschland, Frankreich, England und Spanien, welches zu Ulm 1651 erschien,**) giebt Zeiler wiederum Nachrichten von Spanien. Er beschränkt sich aber auf einige topographische Angaben über die verschiedenen Ortschaften von Barcelona bis Madrid. Er hatte Eile seinen Abschnitt über Spanien zu schliessen.***)

Sonst aber wurde Spanien von den Deutschen als Land der Bettler und Hungerleider angesehen. Man stellte sich alle Spanier als Brüder des Lazarillo vor. Und wenn Harsdörffer fand: „ob zwar Spanien an Früchten nicht sonderlich reich / so hat es doch gute Gewehr / wolriechende Handschuch und schöne Pferd" und versicherte, dafs „Frankreich die Küche und Speisekammer Europas" sei „und Hispania der Schatzkasten" (Gesprächspiele II. Teil, S. 186), so dachten seine deutschen Zeitgenossen nicht sogar optimistisch über Spanien und stellten sich den Schatzkasten bedenklich leer vor. Die Franzosen, welche angeblich die beste Küche besafsen, beklagten sich oft über die spanische Nachläfsigkeit in der Behandlung der Genufsmittel. Moscherosch sagt im „Philander:" „Es finden Frantzosen / welche in Spanien reysen / in etlichen Tagreysen weder Gasthaufs noch Wein-

---

*) Vgl. S. 50 über Theologen und Juristen. — S. 51: Vnder den Philosophis / Historicis / Poetë leuchten herfür Seneca Philosophus vnd Rhetor / Lucanus / Martialis / Columella / Fabius Quintilianus / Pomponius Mela / Trojus Pompejus / Justinus / König Alphonsus von Castilien / Arnoldus Villanovanus / Raymundus Lullus / Ludovicus Vives / Ferd. Nonius / Anton Perezlus / Ilieron. Surita / Alvarus Gomecius / Joh. Barrosius. — Ferner: Franciscus Ximenez / Hieronymus Osorius / Andreas Resendius / Benedictus Arias Montanus / Franciscus Ferrerius / J. Baptista Villalpandus./ — Andere noch unter den Gelehrten S. 51.

Die zweite Abteilung des Zeillerschen Reisebuches enthält nichts Wichtiges und auch nichts Anziehendes. Mit den Nachrichten aus der Reise des Ungenannten giebt uns der Verfasser eine trockene Beschreibung der 5 Reisen des Kurfürsten Friedrich II. von der Pfalz und seiner Sekretärs nach Madrid, S. 460 ff. und Nachricht von einigen anderen unbedeutenden Reisen nach Spanien. — Zeiller scheint seine Reisenden von seinem Zimmer aus, mit einer Anzahl „Landtafeln" (geographischen Karten) begleitet zu haben.

**) Ich benutzte die 3. Ausgabe des „Fidus Achates" Ulm 1661. S. 265—267 ist von Spanien die Rede.

***) Von „Fidus Achates" gab Coulon eine französische Übersetzung: Le fidèle conducteur pour les Voyages de France, d'Angleterre et d'Espagne. Vgl. Süpfle: Geschichte des deutschen Kultureinflusses auf Frankreich. B. I Gotha 1886, S. 98.

schenken / also dafs man die kalte Küchen in dem Weydsack / vnd den Keller in den Flaschen mufs nachführen. *) Wirtshäuser gab es einige Jahrzehnte später genug, allein noch Christian Weise erzählt uns im „Politischen Näscher," dafs man in Spanien mit gebratenen Eselskeulen traktiert werde, wenn man Wildprecht verlangt (I. Kapitel).

V.

Wenn aus Patriotismus und aus Liebe zur eigenen Sprache die besten Köpfe Deutschlands um die Zeit des dreifsigjährigen Krieges die Fehde gegen die Sprachmengerei unternehmen, so wurde von ihnen, nebst dem allgemein eingewurzelten Franzosentum auch das eingedrungene Spanische nicht verschont. Nicht als ob damals die Kenntnis des Spanischen eine sehr verbreitete gewesen wäre. Unter den Dichtern möchte wol aufser Harsdörffer auch Weckherlin spanisch verstanden und gelesen haben; denn er pflegte oft seine Reime mit Reminiscenzen aus spanischen Dichtern zu schmücken. **) Gleicherweise einige Pegnitzhirten, die sich auf die „Arcadia" Lope's stützten, vermutlich auch Klaj, Grefflinger und Tobias Hübner, welch letzterer seine „Inventionen" für die fürstlichen Feierlichkeiten zurichtete. ***) Gervinus (B. III S. 273) hebt auch Christan Brehme's und Sigismund von Birken's Vorliebe für die spanische Dichtung hervor. (III. S. 304).†) Spanische Sitten und spanische Sprache waren durch die Habsburger Herrscher Ferdinand, Max II. und ganz besonders Rudolph II. ein-

---

*) Moscherosch: Philander von Sittewald V. Teil, Frankfurt 1646. S. 89. — Einem Deutschen mufste das Fehlen der Wirtshäuser besonders unangenehm vorkommen. „Es ist auch für die Raisende sehr beschwerlich," sagt Zeiller (Itin. S. 60), „dafs Spania keine Wurtshauser hat / sondern man von einem ort zum andern vmb difs vnd jenes lauffen mufs." — Die Deutschen natten damals ein lateinisches Sprüchwort, dafs für die heutigen Zustände nicht mehr zu passen scheint:

In Gallia velis, nolis, pecuniam profundes.
In Hispania si velis maxime, non tamen poteris.

**) In C. P. Conz: Nachrichten von dem Leben und den Schriften Rudolph Weckherlins. Ludwigsburg 1803 ist von der Liebe des Dichters zu spanischen Vorbildern nirgends die Rede. Vgl. aber Gervinus III S. 164.
Dafs Weckherlin Freunde unter den Spaniern zählte, scheint aus dem Vorwort zu seinen Gaistlichen und Weltlichen Gedichten, Amsterdam 1641 hervorzugeben: „Ich wage dieses Stuck an das liecht / weil ich weiss / dafs mich viel hohe vnd fürtreffliche Personen / ja auch gute Poeten in Engelland, Frankreich / Italien, Hispanien / vnd andern Landen so wol als in Deutschland geliebet vnd noch lieben."

***) Vgl. Barthold: Geschichte der fruchtbringenden Gesellschaft. S. 70.

†) In Birken's Poetik: „Teutsche Rede- und Dicht-Kunst". (Nürnberg 1679) ist auch gelegentlich der Spanier gedacht.

geführt. Vom Hofe aus ging die Ansteckung weiter. Die sogenannte vornehme Gesellschaft wagte in ihrer barbarischen Rede einzelne, meist castilische Ausdrücke. Die Grufsform „beso las manos" war z. B. Mode. Spanische Ritterromane und Pastoralen schmückten damals die Damenbibliotheken. Damen giebt es, sagte Schill, ein Mitglied der Tannengesellschaft in seinem 1644 anonym erschienenen Buche: „Der Teutschen Sprach Ehren krantz," welche „schöne mit Sammet oder schwartze Cordoon oberzogene vergülte Bücher mit allerhand Rendeln, so ihres Liebsten Favor, wie sie es nennen," mit der gröfsten Sorgfalt aufbewahren. Blättert man sie auf „so find man was sie seynd, nemblich der Amadifs, Schäfferey, Schimpff vnd Ernst, Fortunatus, Astrea, Diana, de monte majore, Ritter Loio, Magellona, der Ritter Pontus, Eulen Spiegel, Carcell de amor."*) „Von den Lateinern, Franzosen, Spaniern und Italienern tauschen wir ein, was daheim bei weitem schöner wächst", so klagte der zwanzigjährige Opitz in seinem Aristarchus.**) Johannes Rist dem „Rüstigen", wie man ihn in der fruchtbringenden Gesellschaft nannte, fehlte es nicht an Schärfe. Er liefs den Herrn Pomposianus in seiner „Rettung der edlen Teutschen Hauptsprache wieder alle deroselben müthwillige Verderber und alamodesirende Auffschneider," (Hamburg 1642) dummes Zeug auch auf Spanisch schwatzen.***) Die Spanier hafste Rist recht herzlich. Er ärgerte sich, dafs der „ellende teutsche Magen" „gantz heftig" mit „vielen spanischen, welschen vnd französischen Suppen" und „auch mit einer so übel gekochten teutschen Milch verschwemmt" seien. (Vorwort zur Rettung). Er hatte im Jahre 1636 den „Capitan Spavento oder Rodomontades Espagnolles" aus dem französischen übersetzt und glaubte an die spanischen Aufschneidereien und Münchhausiaden mit tieferer Überzeugung als die Franzosen selbst. — Schottelius liefs, über den Spanisch-Welsch-Franzisch-Teutschen Sinn ganz erzürnt, in seiner: „Lamentatio Germaniae expirantis" seiner Ent-

---

*) Vgl. H. Schultz: Die Bestrebungen der Sprachgesellschaften des XVII. Jahrhunderts für Reinigung der deutschen Sprache. Göttingen 1888, S. 89.

**) Martini Opicii: Teutsche Poemata. Strafsburg 1624. — Aristarchus sive de contemptu Linguae Teutonicae S. 100: „Jam a Latinis, jam Gallis, Hispanis etiam ac Italis mutamur, quod domi nascitur longe elegantius."

Opitz Beschützer, der Burgraf von Dohna, war des Spanischen kundig, er machte spanische Studien Opitz spricht davon in einem lateinischen Briefe an seinen Freund Buchner. Vgl. Herm. Palm: Beiträge zur Geschichte des XVI. und XVII. Jahrhunderts. — Martin Opitz, Breslau 1877. S. 202.

***) Vgl. Th. Hansen: Johann Rist und seine Zeit. Halle 1872. S. 56.

rüstung über das Eindringen fremder Sitten freien Lauf. Er ist der eifrigste Tadler der Sprachmengerei. Er rief den Deutschen zu:

Doch mufst nach Welschland jhr, nach Spanien, Frankreich lauffen
Vnd für eur liebes Geld nur grobe Lastre kauffen.
Für den gesunden Leib vnd Hertzens Redligkeit
Bringt jhr ein faules Fleisch vnd leichtes Narrenkleyd.*)

Wenige Jahre nach dieser patriotischen Rede erschien Schottels grofses und für seine Zeit wirklich verdienstvolles Werk: die „Teutsche Sprach Kunst".**) Rist stand dem Freunde in der Fehde gegen die Ausländerei würdig zur Seite. Seine satirischen Pfeile fehlten ihr Ziel nie. In seinem originellen Schauspiel: „Das Friedewünschende Teutschland" liefs er den Don Antonio in seinem spanischen Wamse einherstolzieren, und sagte von Deutschland:

„Teutschland wil mit Spanien hinken,
Wenn Kitarra singt und klingt,
Teutschland wil sich mit Grandezzen
Spanien an die Seite setzen."***)

*) Schottelii: Lamentatio Germaniae expirantis, der nunmehr hinsterbenden Nymphen Germaniae elendeste Todesklage". Braunschweig 1646.

**) Für das schöne patriotische Werk gratulierte auch Rist den Freund in einem besonderen Gedicht. Das Vaterland sagt er, ist endlich vom fremden Joch befreit. Die Franzosen sind endlich besiegt worden und auch

Spanien trotze nicht zu sehr,
Unsre Teutsche können schreiben
Bücher voller Kunst und Lehr,
Ihre Sprache wird wol bleiben
Unsre Zunft es hat gethan,
Dafs die Pracht der Welschen Zungen,
Durch die Teutschen ist verdrungen
Aus der weiten Siegesbahn.

Vgl. II Ausgabe v. J. G. Schottelii: Teutsche Sprach Kunst / Vielfaltig vermehret und verbessert / etc. — Zum anderen Mahle herausgegeben im Jahre 1651 Braunschweig. — Darin die „Carmina gratulatoria".

***) Vgl. Karl Goedecke und Edmund Goetze: Dichtungen von Johann Rist. Leipzig 1885. S. LI.

Auf die vortreffliche Satire gegen die Sprachmengerei in Gryphius „Horribilicribifax", wo unter so vielen Sprachen auch Spanisch geredet wird, brauche ich nicht erst aufmerksam zu machen. Kollewijn vergafs das Spanische in seiner Dissertation: „Über den Einflufs des Holländischen Drama auf A. Gryphius. Heilbronn 1880 S. 93 zu erwähnen.

Vgl. Dramatische Dichtungen von Andreas Gryphius hrsg. von J. Tittmann Leipzig 1870 S. 204.

Die Kleidermode in den gewählten deutschen Kreisen war durch und durch spanisch

Keiner aber unter den Deutschen zeigte in seinem Zeitalter eine so ausgesprochene satirische Ader wie Moscherosch. Er stammte aus einer arragonesischen Familie und sein Name ist wohl eine Verderbung des limusinischen Mosen Ros*) (Herr Roth). Vieles verdankt er · Quevedo, einem der gröfsten des spanischen Parnasses. Was Cervántes mit göttlichem Humor und mit edlem Wohlwollen persifliert hatte, das pfiff Francisco de Quevedo mit schneidender, grimmiger Satire aus.**) Quevedo erinnert mehr an Swift, als an Rabelais und Jean Paul. Als Moscherosch die im Jahre 1633 zu Caen erschienene französische Übersetzung der „Sueños" des Sieur de la Geneste (Les Visions de Don Francisco de Quevedo y Villegas) las, und dabei dachte, wie viele Laster· in seinem Vaterlande zu geifseln seien, da fafste er den Entschlufs, in seinem Lande ein Quevedo zu werden. Er fing 1639 mit der Verdeutschung der „Visions" an und fuhr fort, seinen „Philander von Sittewald" mit eigenen Erfindungen zu bereichern, ohne aber das spanische Vorbild aus den Augen zu verlieren. „Nicht, das ich jrgend mangel an Teutscher Sprach gehabt hätte, sondern, das man ein offenbares Muster habe in künfftiger Zeit."***) Die sieben letzten Gedichte im „Philander" sind eigene Arbeit Moscheroschs.†) Der Geist Quevedo weht aber darin, und man ist erfreut, die Bitterkeit und die Schärfe der Satire des Spaniers oft gemildert zu sehen.

Aber Moscherosch war mehr Patriot als Quevedo und seine Satire hatte auch in höherem Mafse einen praktischeren Erfolg als diejenige des unglücklichen verbitterten Freundes des Herzogs von Osuna. Er

---

Besonders berühmt und berüchtigt waren die spanischen Kragen. Gegen dieselben spricht besonders Lauremberg in seinem „Von alamodischen Kleder-Dracht" (De veer olde berohmede Schertzgedichte in Nedder-Dütsch gerymet, durch Hans Willensen L. Rost II S. 36). — Osiander verfolgte die spanischen Kragen sogar auf der Kanzel. Er sagte, dafs diese kolossalen Ungeheuer den Kopf dem Johannishaupte auf der Schüssel der Herodias gleich machten.

Vgl. Erich Schmidt: Der Kampf gegen die Mode in der deutschen Litteratur des siebzehnten Jahrhunderts. Im „Neuen Reich" 1880. B. II S. 459.

*) Vgl. Ebert in Deutscher Vierteljahrs. a. a. O. S. 89.

**) Über Quevedo vgl. nach den Biographien von Aureliano Fernández Guerra und Baumstaık, das gründliche schöne Werk E. Mérimée: Essai sur la vie et les oeuvres de Francisco de Quevedo. Paris 1886.

***) Moscherosch: Satirische Gedichte Philanders von Sittewald. Frankfurt 1644. Vorbemerkung zu „A la mode Kehraus." S. 750.

†) Über Moscheroschs Selbständigkeit vgl. die Einleitung F. Bobertags zu den „Gesichte Philanders von Sittewald" von Hans Michael Moscherosch. Kürschner, Deutsche National-Litteratur B. 32 S. XVI (wo doch zu viel Gewicht auf Moscheroschs Originalität gelegt wird)

geifselte die Ausländerei, er hafste die Franzosen und überschüttete sie mit Hohn. Er wollte das Urdeutschtum in seinem Vaterlande wiederherstellen. Der Spanier war ein Dichter und ein Gelehrter, er stand treu zu Dante und Ovid, und plaidierte für die Griechen, der Deutsche dagegen entbehrte der streng klassischen Studien und fand sich in der Mitte seines Volkes zurecht. Das Bild, welches Moscherosch vom Soldatenleben entwarf, ist überraschend treu und führte zum Simplicissimus*). Schade nur, dafs Moscherosch die Kunst des Schreibens so wenig berücksichtigte. Er konnte die „a la mode" Gebildeten nicht leiden, tadelte den Schwulst, die leere Phrase und die Sprachmengerei, wie einst Quevedo in der „Aguja de navegar cultos" und in der „Culta latiniparla" und verfiel doch selbst in die Viel- und Buntrednerei und ist oft langweilig**). Quevedo ist ein Künstler und lebt fort, Moscherosch ermangelt der Kunst und sein Ruhm ist vergangen.

Wenn im fünften Teil des „Philander", wo von den „Lastern dieser Welt" die Rede ist, ein Vergleich zwischen dem Spanier und dem Franzosen, nicht ohne Scharfsinn zuweilen gezogen wird, so übersetzt Moscherosch, der in französischen Sachen sehr gut bewandert war und mehrfach Paris besuchte, aus einem Buche, welches Cárlos García im Jahre 1617 zu Paris veröffentlichte***). Dafs darin die Spanier besser wegkamen als die Franzosen, war für Moscherosch ein Sporn, auch das geringfügigste Detail nicht zu vernachlässigen. Einige Lächerlichkeiten werden uns z. B. aufgetischt: „Wann der Spanier trinken will thut er zuvor das Wasser in das Glafs vnd den Wein hernach / der Frantzofs hingegen geufs das Wasser hinein nach dem Wein"†), ferner: „Die Frantzosen haben die Schenkel rahn / die

*) Vgl. die noch unübertroffene Charakteristik Moscheroschs „Philander" bei Gervinus III S. 374 ff. — Das Soldatenleben diente auch als Vorbild für den „Wintergarten" Achims von Arnim

**) Über die Bündigkeit Quevedos und die Weitläufigkeit Moscheroschs. Vgl. C. A. Scholtze: Philander von Sittewald. Abhandlung zum Jahresbericht der Realschule zu Chemnitz. 1877 S. 13.

***) Es trägt den Titel: L'opposition et la conjonction des deux luminaires du monde, oeuvre plaisante et curieuse, où l'on traite de l'heureuse alliance de la France et de l'Espagne, et de l'antipathie des Espagnols et des Français. Paris 1617. — Morel-Fatio hat auch diese interessante Schrift in seinen oft erwähnten „Etudes sur l'Espagne I. Serie S. 33 ff. berücksichtigt. Eine italienische Übersetzung dieser Schrift datiert von 1686: Antipatia dei Francesi e Spagnuoli del Dottor D. Carlo Garcia. — Weder in Scholtzes Abhandlung noch in Moscheroschs „Philander" selbst ist diese französische Quelle erwähnt worden.

†) Moscherosch: „Wunderliche Satyrische vnd wahrhafftige gesichte Philanders von Sittewalt," V. Teil Frankfurt 1646. S. 109.

Spanier gar dicke / also dafs eines Spaniers Waden so dick ist / als
eines Frantzosen oberer Schenkel". Im Notfall verkaufʒ der Spanier
zuerst das Hemd und dann den Mantel. Der Franzose tut das Gegen-
teil. Der Franzose ist nicht genügsam „Ein Spanier wird drey Tage
vber doch weder an Kräfften noch Muth abnehmen". Der Franzose
ist furchtsam, der Spanier mutig. „Der Spanier ist behertzt wie ein
Löwe / wann ihn die Noth angeht: der Frantzofs aber verliert alsdann
dafs Hertz wie ein Haafs". Auch der grofse wunde Punkt im spanischen Charakter mufste natürlich berührt werden. „Der Spanier liebt
den Schein / vnd die Ehr sehr inbrunstig / in deme er lieber will von
jederman angesehen seyn / als eygenen Schaden leiden / also dafs er
nichts darnach fragt, allerhand Elend vnd Mangel zu leyden / wann
solches nur niemand kundt wird: Werden auch viel vnter ihnen gefunden / welche wann sie getrungen seynd ihre Nottürfftigkeit offent-
lich zu bekennen / wohl solten / nicht nur einen Tag vngessen bleiben /
vnd mittlerweil all ihr Vermögen an einen guten Mantel / vnd ein
wol aufsgebrochenen Halfskragen verwenden / auch so wolgemuth vff
die Gassen tretten / dafs man dem ansehen nach sagen möchte / sie
kämen von einem herrlichen Bancquet" (S. 96 f.). Der Franzose
ist geschwätzig, der Spanier schweigsam, es „würden alle Specereyen
aufs Indien nimmermehr ein einige Heimlichkeit aufs des Spaniers
Mund erzwingen"*).

---

*) Und wie urteilten denn die Spanier über die Deutschen zur Zeit Moscheroschs?
Der berühmte Diego de Saavedra y Faxardo, der eine zeitlang als bevollmächtigter Ge-
sandter des burgundischen Hauses, eine politische Rolle in Deutschland spielte, dem
Friedenskongrefs in Münster 1643 beiwohnte, entwarf im LXXXI. Kapitel seiner
„Empresas políticas ó Ideas de un príncipe cristiano" ein Bild von den Deutschen.
Als Gegenstück zur angegebenen Parallele lasse ich hier die ganze Charakteristik folgen:
(Vgl. Obras de D. „Diego Saavedra y Faxardo" in 25 B. der Bibl. de autor. españoles
S. 218). „En Alemania la variedad de religiones, las guerras civiles, las naciones que
militan en ella, han corrompido la candidez de sus ánimos, y su ingenuidad antigua; y
como las materias mas delicadas, si se corrompen quedan mas dañadas, asi donde ha
tocado la malicia extranjera ha dejado mas sospechosos los ánimos y mas pervertido
el buen trato. Falta en algunos la fe pública; las injurias y los beneficios escriben en
cero, y lo que se les promete en bronce. El horror de tantos males ha eucrudecido
los ánimos, y ni aman si se compadecen. No sin lágrima se puede hacer paralelo
entre lo que fué esta ilustre y heróica nacion y lo que es, destruida no menos con los
vicios que con las armas de las otras; si bien en muchos no ha podido mas el ejemplo
que la naturaleza, y conservan la candidez y generoso trato de sus antepasados, cuyos
estilos antiguos muestran en este tiempo su bondad y nobleza. Pero, anuque está asi
Alemania, no le podemos negar que generalmente son mas poderosas en ellas las buenas
costumbres que en otras partes las buenas leyes. (Plusque ibi boni mores valent,

Einige der Schriften Quevedos gelangten, wie wir bereits wissen, in die Hand des gezierten Schäferdichters Harsdörffer und blieben wirkungslos. In der Hand Moscheroschs dagegen wurde Quevedo eine Waffe. Philander gewann viele Leser. Er machte Schule. Die Taugenichtse und die Pikaros liefen noch zahlreich in Deutschland herum, als Grimmelshausen, auf den von Natur aus ein Funke von Cervántes Geist fiel, die Idee zum „Simplicissimus" faßte. Eine Lieblingslektüre des jungen Grimmelshausen waren die Übersetzungen aus den spanischen Schelmenromanen. Aus ihnen heraus wuchs in den Deutschen die Liebe zur realistischen Darstellung, die scharfe Beobachtungsgabe, die Freude an der Schilderung von Selbsterlebten. Spanien gebührt die Ehre, den Anstoß zum besten deutschen litterarischen Erzeugnis auf dem Gebiete des volkstümlichen Romans im 17. Jahrhundert gegeben zu haben.

Grimmelshausens erste Schriften lehnten sich stark an fremde Vorbilder an, auch an Moscherosch. Das Spanisch-Phantastische, das Pikareske, war durch die Vermittelung Frankreichs eingedrungen. Der in Wolfenbüttel 1659 gedruckte: „Fliegende Wandersmann nach dem Monde, oder eine gar kurzweilige und seltsame Beschreibung der neuen Welt deß Monds wie solche von einem geborner Spanier mit Namen Dominico Gonsales beschrieben worden ist" ist eine Übersetzung aus der französischen Übertragung Baudouins: L'homme dans la lune (Paris 1634)*). Nicht gar selbständig waren auch die weiteren Erzählungen Grimmelshausens bis zum „Simplicissimus" (1669). Hier aber gelangte der spanische Samen zur vollen Reife und die spanischen Pícaros fanden im Simplicissimus einen Genossen, der in Deutschland aufgewachsen, eine deutsche Seele, ein deutsches Ideal besaß, deutsche Narrheiten, Simpeleien und Schelmenstreiche trieb und welcher doch seine Urcltern im romanischen Lande hatte**). Quellen, aus denen Grimmelshausen schöpfen konnte, boten sich ihm im reichen Maße. Die Übersetzung oder besser die Bearbeitung des Guzman de Alfarache

---

quam alibi bonae leges, Tac. de mor. Germ.) Todas las artes se ejercitan con gran primor. La nobleza se conserva con mucha atencion, de que puede gloriarse entre todas las naciones. La obediencia en la guerra y la tolerancia es grande, y los corazones animosos y fuertes. Hase perdido el respeto al imperio, habiendo este, pródigo de si mismo, repartido su grandeza entre los príncipes, y disimulado la usurpacion de muchas provincias y la demasiada libertad de las ciudades libres, causa de sus mismas inquietudes, por la desunion deste cuerpo poderoso".

    *) Vgl. Bobertag a. a. O. B. II. II. Hälfte S. 8 ff.

    **) Den „Simplicissimus" nennt Ferdinand Antoine in seiner Thesis „Etude sur le Simplicissimus" a. a. O. „le dernier rejeton d'une famille espagnole très étendue S. 58.

durch Aegidius Albertinus und die unglückliche Verdeutschung der Fortsetzung des Romans des Mateo Aleman haben den Gang der Abenteuer, noch mehr aber die Moral im Simplicissimus stark beeinflufst. Eine wörtliche Anlehnung an seine Vorbilder tritt sogar jeweilen deutlich an den Tag*). Trotz der Vorbilder hat Grimmelshausen in seinem unvergänglichen Roman durchaus aus eigener Beobachtung geschöpft und seine volle Originalität bewahrt**). — Am Schlusse der Erzählung gab Grimmelshausen dem Simplicius seine eigene Moral zum Besten. Die Schriften des frommen und beredten Bischofs von Mondoñedo in der Übersetzung des Albertinus hatten unseren Romanschriftsteller lange beschäftigt***). Bekannt ist, wie er einige Jahre vor der Abfassung seines Hauptwerkes zum Katholizismus übertrat. Auch Simplicius wird durch die Lektüre Antonio de Guevara's bekehrt. Er empfängt eine katholisch-moralische Lektion. Er entsagt der Welt nach dem Rate des „Menosprecio de Corte y alabanza de aldea" und zieht sich in die Einsamkeit zurück†).

Simplicius erfreute sich einer blühenden Nachkommenschaft. Er erhielt Brüder und Söhne und fand einen drolligen Verwandten und Nebenbuhler im „Schelmufsky".

VI.

Der Roman führt uns zum Drama. Deutschland wurde verhältnismäfsig spät mit dem reichen Schatze des spanischen Theaters bekannt. Erst Lessing und nach ihm die Romantiker fanden, dafs Spanien wie

---

*) Vgl. Payer: Eine Quelle des Simplicissimus in Ztschr. f. deutsch. Philolg. B. XXII (1890) S. 93 f.

**) H. Hettner: Litteraturgeschichte des 18. Jahrhunderts. Braunschweig 1879 B. III. S. 163 meint, dafs das Motiv des wunderbaren Vogelnestes im „Simplicissimus" an Luis Velez de Guevara (Hinkender Teufel) erinnere. Dafs Grimmelshausen den 1641 spanisch erschienenen „Diablo cojuelo" (Lesage übersetzte ihn erst 1707) kannte, möchte ich bezweifeln, dagegen kannte und benutzte er oft im Simplicissimus die Sueños des Quevedo. — Bekannt war Grimmelshausen die Ulenhartsche Bearbeitung der Novelle Cervántes: „Rinconete y Cortadillo" und er deutete auf dieselbe hin an einer Stelle des „Simplicissimus". Vgl. die gleichzeitig erschienene Erörterung in den „Blätter für litterarische Unterhaltung" 1868 Nr. 27. S. 430 und von Reinhold Köhler im I. B. des „Archiv für Litteraturgeschichte" S. 295 ff.

***) Spanisch verstand Grimmelshausen vermutlich nicht. Bobertag II. 2. Hälfte S. 90 meint, er habe nur „einige Brocken Spanisch" gekannt.

†) Dieser Schlufs darf uns nicht wundern, wenn man die Bekehrung Grimmelshausens selbst in Betracht zieht. Er befriedigte aber nicht alle. W. Scherer. (Gesch. der deutsch. Litt. S. 382) beklagt sich: „Mufste er ihn mit den Phrasen eines spanischen Bettelmönches und Bischofs von der Welt Abschied nehmen lassen?"

— Das 24. Kapitel des V. Buches des „Simplicissimus" enthält die lange Invective Guevara's gegen die betrügerische und nichtige Welt. 4*

Frankreich auf ein Nationales Theater stolz sein sollte, dafs Lope, Cervántes, Calderon Genie besafsen und in ihrer Art dem grofsen Britten ebenbürtig waren.

Gegen Ende des 16. Jahrhunderts (schon 1568) sind spanische Berufsschauspieler in Wien bereits nachzuweisen*). Über ihre Tätigkeit sind wir nicht im klaren, vermutlich brachten sie aus der Heimat Stoffe zur Aufführung mit. Anfang des folgenden Jahrhunderts führten die englischen Komödianten, auf spanische Quellen zurückgehende Stücke — vgl. C. Heines und Dessoffs Nachweise in der Zeitschr. f. vgl. Litteraturgesch. — auf deutschen Bühnen auf. 1610 gelangte in Dresden eine Komödie „Amadis", welche sich auf den volkstümlichen Roman gründete, auf die Bühne**).

Im Jahre 1643 gab der des Spanischen kundige Harsdörffer als Zugabe zum III. Teil der Gesprächspiele sein Schauspiel „Melisa" oder „Der Gleichnis Freudenspiel" heraus. Es war zum grofsen Teil eine Bearbeitung von Lope de Vegas Drama: „La escolástica celosa". Im V. Teil der Gesprächspiele (1645) wird Lopes „La fuerza lastimosa" für den Abschnitt: die Redekunst verwertet.***)

Harsdörffer schöpfte unmittelbar aus dem Spanischen. Seine deutschen Zeitgenossen nahmen die Niederländer und die Franzosen zu Hülfe. Der rege politische und kommerzielle Verkehr zwischen Spanien und den Niederlanden, der Umstand, dafs viele spanische Schriftsteller ihre Bücher oft in Antwerpen, in Brüssel, in Amsterdam u. s. w. drucken liessen, erklärt, wie die niederländischen Dichter eher als

---

*) Vgl. J. Meisner. Die englischen Komödianten zur Zeit Shakespeares. Wien 1884 S. 21.

**) Der Roman „Amadis" war schon 1587 dramatisiert worden, nicht aber 1557, wie Karl Heine irrtümlich schreibt in seiner Dissertation: Johannes Velten „Ein Betrag zur Geschichte des deutschen Theaters im XVII. Jahrb." Halle 1887 S. 19. -- Thomas Ryd's „Spanische Tragedy" erschien unter verschiedenen Titeln auf den Repertoiren der Komödianten, bald in Dresden (am 28. Juni 1626 Tragoedia von Hieronymo Marschall in Spanien), bald in Prag (1651 von dem jämmerlichen und niemals erhörten Mord in Hispania), in Lüneburg (1660: Don Hieronimo Marschall in Spanien), im Weimarer Verzeichnis (Nr. 29. Der tolle Marschall aus Spanien). Vgl. Creizenach. Die Schauspiele der englischen Komödianten — Berlin Stuttgart 1889 S. XXVIII ff.). — Robert Green's „Alphonsus King of Arragon" finden wir in Dresden (9. Juli 1626 aufgezeichnet als „Tragicomoedia von einem Königk in Arragoina" (Creizenach XXXV). — Ebenfalls auf dem Dresdener Repertoir stand am 6. Juni und am 19. September des gleichen Jahres die: „Comoedia" vom König in Spanien und dem Vice-Roy in Portugall (Creizenach XXVIII). — Im März und April 1630 „Vom Königreiche Valentia" und „Von der Constantia Königs in Arragonien Tochter" (Creizenach XXIX) Goedecke II. S. 541.

***) Man lese die Vorrede zur „Melisa". Gesprächsp. III. T. S. 363. Vgl. auch E. Dorer. Die Lope de Vega-Litteratur in Deutschland. Zürich 1877 S. 13.

die Deutschen mit den dramatischen Stoffen der Spanier bekannt
wurden. Die holländische Übertragung, die oft selbst auf eine französische Übersetzung beruhte, fand leicht ihren Weg nach Deutschland,
wo im 17. Jahrhundert so viel nach niederländischen Mustern gearbeitet
wurde. Man denke nur an Opitz und an Gryphius.*) In Frankreich
war seit Corneille die Plünderung der dramatischen Erfindungen der
Spanier allgemein üblich. Aus den bequemen Bearbeitungen spanischer
Stücke von Rotrou und Scarron schöpften die Deutschen gerne ihre
theatralischen Stoffe. Nur entfärbt und verstümmelt konnten auf diese
Weise einige Dramen spanischen Ursprunges zu den deutschen Über-
setzern gelangen. Das potenzierte Fremdartige, die mehrfache Ver-
arbeitung von entlegenen Quellen erzeugte oft nur Mifsgeburten.

Der Name Calderons war den Pegnitzschäfern noch unbekannt,
als Johann Klaj sein sogenanntes Trauerspiel: „Herodes, der Kinder-
mörder" einer „teutschliebenden Gemeine" zu Nürnberg 1645 vor-
stellte. Er hatte seinen Stoff dem Niederländer Daniel Heinsius**),
welcher mit der spanischen Litteratur sehr vertraut war***) und selbst
für sein Stück aus dem 1637 verfasten Drama Calderons „El mayor
monstruo los celos" geschöpft hatte, entnommen.

Im Jahre 1650 vollendete Georg Greflinger seine Übersetzung des
Corneilleschen „Cid". In der Vorrede wurden dem Leser einige
weitere Stücke versprochen: „Der beklägliche Zwang" (vermutlich
nach Lope de Vegas „La fuerza lastimosa", eine Quelle, welche Tieck
als eine sichere festgestellt hatte), eine „Laura" aus Rotrou entnommen
und welche auf Guevaras Stück „Reinar despues de morir" zurückgehet.†)

---

*) Vortreffliche Bemerkungen über die Verbreitung spanischer Dramen in Deutsch-
land im 17. Jahrhundert finden sich schon in Koberstein: Geschichte der deutschen
National-Litteratur. V. Auflage von K. Bartsch. Leipz. 1873 B. II S. 264 ff. „Das ganze
siebzehnte Jahrhundert hindurch", sagt Koberstein, „bis in den Anfang des achtzehnten
liegen einzelne Faden zu Tage, welche die Geschichte der deutschen Bühne und die der
Spanier verknüpfen." Diese Faden sind sehr dünn, sehr verwickelt, oft bedeutungslos.

**) Job Klaj Herodes Nürnberg 1645 S. 29: „Es hat der Edle und unvergleichliche
Niederländer Heins von diesem Blutbade ein Trauerspiel gemacht, welchem wir in vielem
nachgegangen". Klaj Herodes findet sich in „Gottscheds Nötiger Vorräth" B. I S. 200
verzeichnet.

***) Es wundert mich, dafs in Jonckbloet: Geschichte der niederländischen Litteratur
a. a. O. nirgends des sehr bedeutenden Dichters und Freundes Opitzens gedacht wird.

†) Bolte: zu Georg Greflinger. „Anzeiger für deutsches Altertum" B. XIII S. 111
meinte zwar die „Laura" müfste auf die „Laura perseguada" Lopes zurückgeben, neuerdings hat Dessoff in „Zeitsch. f. vergl. Littg." N. F. B. IV Heft 1 S. 5 die richtige Quelle
angegeben.

Trotz dieser Ankündigung liefs Greflinger zwei Jahre darauf um 1652 in Hamburg das Stück: „des hochberühmten Spannischen Poeten Lope de Vega Verwirrter Hof, oder König Carl" erscheinen. Seine Verdeutschung aber lieferte Greflinger nicht unmittelbar nach Lope's „El palacio confuso", sondern nach dem Holländischen eines L. D. Fuyter. „Lope de Vega Carpioos Verwarde Hof" Lofspiel (Amsterdam).*) Diese Bearbeitung Lopes gefiel und erschien wiederholt in den Repertoiren der Wandertruppen bis um die Mitte des 18. Jahrhunderts. Greflingers: „Unnötige Vorsorge" / von kluges Frauen-Volck / aus dem Französischen und Spanischen (Hamburg 1659) und „Der unschuldige Ehebruch" aus dem Französischen und Spanischen (Hamburg 1662) sind Scarrons „Roman comique" entnommen.**) Die „Unnötige Vorsorge" aus dem „Adultère innocent", der „unschuldige Ehebruch" aus der der Doña Maria de Zayas y Sotomayor entnommenen Erzählung „La précaution inutile".

Auch Jacob Schwiger, ein Zeitgenosse Harsdörffers und Greflingers benutzte den „Roman comique". Sein Lustspiel: Der betrogene Betrug (1667) hat als Grundlage die dem „Roman comique" einverleibten und aus Lope's Stück: „Engañar á quien engaña" genommenen Novelle: „Trompeur, trompeur á demi". „Gegenwertiges gedichtes Vatterland ist Hispanien" bemerkte Schwiger selbst zu seinem Stück.***) Schwigers „Ernelinde, ein Misch-Spiel", trägt, meinte Gervinus (B. III S. 463) ein ganz spanisches Gepräge: „gantz spanische Farben, einen trefflichen Gracioso und sehr schöne und lebendige Scenen". Tatsächlich aber ist das Stück Schwigers die Bearbeitung aus einer „opera tragica" des fruchtbaren italienischen Dramatikers Giacinto Andrea Cicognini:

*) Bolte, Anzeiger etc. S. 109. — Dafs der „Verwirrte Hof" sicher als eine Übersetzung aus dem Holländischen zu betrachten ist, scheint mir aus dem Titel einer Staatsaktion (wo das Stück Greflingers aufgeführt wird) im Repertoire von Daniel Treu am bayerischen Hofe 1666 hervorzugehen: „Von den verwirrten Hoff von Cicilien, mit wohl gesetzen reden aufs den hollendischen übersetzett. (Vgl. K. Trautmann: Deutsche Schauspieler am bayerischen Hofe, im Jahrbuch für Münchener Geschichte III. Jahrg. 1889 S. 301.) — In der Vorrede zu seinem Stück sagt Greflinger: „Wäre es meine Müglichkeit des Autors zierliche Reden etwas zu erreichen, solte ich auch das Ohr nicht wenig bekützeln u. s. w.

**) Über Scarrons Benutzung spanischer Quellen, besonders des „Viaje entretenido" des Agustin de Rojas Villandrando ist entschieden übertrieben, was Körting: Geschichte des französischen Romans im XVIII. Jahrh. II. B. Leipz. 1887 S. 227 behauptet. Morillot dagegen: Scarron et le genre burlesque Paris 1888. S. 343 bestreitet den Einflufs Villandrandos auf Scarrons „Roman" fast gänzlich.

***) Vgl. K. T. Pabst, Jakob Schwiger als Dramatiker, in Blätter für litterarische Unterhaltung Jahrg. 1847 B. II N. 269—271.

„La moglie di quattro mariti". Cicognini war ein guter Kenner des spanischen Theaters und es ist möglich, dafs er für seine Stücke, wie für viele andre, ein spanisches Vorbild benutzte.*)

Der brandenburger Historiograph Martin Kempe, ein mittelmäfsiger Dichter und ein guter Freund des Betulius, brachte etwas Spanisches auf die deutsche Bühne. Sein Freuden-Spiel: Die Geschichte vom gezwungenen Freund Prinzen Turbino, aufs den Spanier Lopez (sic) de Vego Carpio" für welches er in einem Briefe von 1674 einen Verleger wünschte**) scheint aus Lope: „El amigo por fuerza" hervorgegangen zu sein, unmittelbar aber auf einer Übersetzung dieses spanischen Stückes von Isaak Vofs zu beruhen***).

Es waren dies ganz vereinzelte Versuche, welche den Sinn der Deutschen für das Theater nicht viel hoben und ihren dramatischen Vorrat um nicht viel bereicherten. Mehr Nutzen aus dem spanischen Theater wufsten die Jesuiten zu ziehen. Diese hatten seit der Mitte des 16. Jahrhunderts in Deutschland festen Fufs gefafst. Sie waren gewandte Politiker und unerreichbare Intriguanten, sie schlichen sich an allen fürstlichen Höfen, besonders in Wien, in Prag, in München ein. Mit allen ihren Künsten suchten sie der Reformation entgegenzuwirken. Aus dem Süden brachten sie die Lust an pomphaften Aufführungen und erfanden für die Litteratur ebensowohl wie für die Architektur

---

*) Ich vermochte die Quelle von Cicogninis Stück nicht zu ermitteln. An die alte „Comedia Armelina", des Lope de Rueda, welche ihrerseits italienische Vorbilder zu Grunde hat (vgl. L. Stiefel: Lope de Rueda und das italienische Lustspiel in „Zeitschrift für roman. Philolog." B. XV S. 338 ff.) und gleich Schwigers „Ernelinde" das Motiv der Kinder- und Namenverwechselung behandelt, ist nicht zu denken. Die zwei Stücke bieten sonst keine weiteren Berührungspunkte.

Vgl. die Inhaltsangabe von Cicognini: La moglie di quattro mariti bei Klein a. a. O. B. V S. 707 ff., wo auch die aus Tirso de Molina: „El castigo del Penseque" und „El vergonzoso en Palacio" entlehnten Motive angegeben werden.

Die „Ernelinde" wurde zu Rudolstadt 1665 gedruckt und ist auch in den 1665 zu Jena bei J. L. Neuenbahn erschienenen: „Filidors Trauer-, Lust- und Mischspiele" Erster Teil enthalten.

Mit dem Titel: Die 4 mal braut Elinde, stand das Stück Schwigers im Komödienverzeichnis der deutschen Wandertruppen. Noch im folgenden Jahrhundert 1741 und 1742 spielte man zu Frankfurt a. M. ein „Verliebter Secretarius" oder: „Die viermahlige Braut Ernelinde". Vgl. Dessoff in Zeitschr. für vergl. Litt. N. 7 B. IV S. 7, welcher aber Schwigers Ernelinde vollkommen zu ignorieren scheint.

Schwigers Mischspiel „Die erfreute Unschuld" erinnert an eine spanische Comedia. Seine Quelle ist mir unbekannt.

**) Vgl. Herdegen: Historische Nachricht von den löblichen Hirten- und Blumen-Ordens. Nürnberg 1744 S. 323.

***) Bolte: Greflinger a. a. O. S. 113.

einen mit verschwenderischer Ornamentik überladenen barocken Stil. Sei suchten zu blenden, zu fesseln, wenn möglich neue Proselyten zu erobern*). Ihre Effekthascherei brachten sie auf die Bühne. Sie bedienten sich zuerst der lateinischen Sprache, weil sie bei weitem die deutsche an Klang übertraf, und setzten das lateinische humanistische Schuldrama in neuer Form fort**). Sie entfalteten, besonders in der Inszenierung einen unerhörten Glanz: „Manche Wiederbekehrung zur katholischen Kirche", sagt Devrient***) mit Recht, „hat mit Freibillets zu diesen glanzvollen Spielen begonnen". Einige dieser prunkliebenden Jesuiten waren spanisch geschult und schöpften gerne aus dem reichen Schatze der spanischen Litteratur. Es gab sogar Spanier unter ihnen, die sich als Lehrer an deutsche Hochschulen festgesetzt hatten. So wurden schon 1549 Le Jay und Salmeron unter der Regierung Wilhelm IV. nach Baiern berufen†). Den Jesuiten des

---

*) Ganz entgegengesetzter Meinung ist freilich K. von Reinhardstöttner, welcher in dem Aufsatze: Zur Geschichte des Jesuitendramas in München im Jahrb. f. Münchner Gesch. III. Jahrg. S. 59 behauptet: „Das Drama der Reformation sucht sozusagen Parteigänger zu werben und Anhänger um sich zu scharen, während das Jesuitendrama gewissermafsen sich seiner unerschütterlichen Grundlagen bewufst, mehr das beherrschte Gebiet zu erhalten und zu verteidigen, als neue Genossen zu sammeln bestrebt ist". Das war die Kunst der Jesuiten nicht, auch der Jesuiten in Baiern nicht und widerspricht ganz und gar den geschichtlichen Tatsachen.

**) Die Jesuiten gaben auch in lateinischer Sprache ihren Unterricht: „Die deutsche Sprache war völlig aus dem Unterrichtsplan verbannt. Vgl. J. Keller. Die Jesuiten-Gymnasien in Österreich. München 1876 S. 175.

***) Devrient: Geschichte der deutschen Schauspielkunst. Leipz. 1848, B. I S. 138.

†) Vgl. Aug. Kluckhorn: Die Jesuiten in Baiern mit besonderer Rücksicht auf ihre Lehrthätigkeit, in Sybel's Histor. Zeitsch. B. 31 S. 352.

— In Ingolstadt und in Dillingen ebensogut wie in Wien konnten die Jesuiten vorzüglich gedeihen und ihre Lehrthätigkeit dem Volke imponieren. — Gregorio de Valencia dozierte um 1570 Theologie in Dillingen und wirkte von 1574 bis 1598 als Professor an der Universität Ingolstadt (Über ihn Kobolt: Baiersches Gelehrten-Lexikon Landshut 1795 S. 702 ff.) Der Katalane Hierónimo Tórres lehrte Theologie zuerst in Dillingen, dann in Ingolstadt. Er starb in München 1611 (Kobolt T. 614). — Gleich im Anfang des 17. Jahrhunderts lehrte der Spanier Juan Angel de Sumarán (ein Baske) vierzehn Jahre hindurch in München neuere Sprachen. Seit 1625 war er an der Ingolstädter Universität tätig (vgl. K. v. Reinhardstöttner Albertinus a. a. O. S. 59).

Sumarán ist Verfasser eines „Thesaurus linguarum in quo facilis via Hispanicam, Gallicam, Italicam attingendi etiam per Latinam et Germanicam sternitur (1626) und eines „Thesaurus universalis, hoc est Vocabularium Hispanicum, Gallicum, Latinum et Germanicum.

— Ein anonymer: „Vocabulario catalán y alemán" erschien schon 1502 zu Perpignan.

— Spanische Lehrer finden wir zur Zeit Sumarán's auch in Polen und Dänemark. In Dänemark docierte der Spanier Cárlos Rodriguez, der Verfasser der Fundamenta linguae Hispanicae (1662).

17. Jahrhunderts war die fruchtbare Periode der spanischen Mystik vorausgegangen. Die Schriften Luis de Granada's, der Santa Teresa, des Luis Ponce de Leon, des Juan de la Cruz entflammten durch ihre Sinnbilder und ihre hinreifsende Beredtsamkeit*). Sie führten zu den „Autos sacramentales" Calderon's und mit Calderon's Symbolik und Allegorie näherten sie schon in der Mitte des 17. Jahrhunderts viele der lateinischen Schauspiele der Deutschen.

Die Intriguenstücke Lope's, die Charakterlustspiele in der co-medias de capa y espada des Juan Ruiz de Alarcon mit ihrem speziell spanischen Kolorit konnten die Jesuiten nicht brauchen. Ihr Katholi-zismus verlangte eine Art Alkohol, um den Kopf recht tüchtig ins Brausen zu setzen Calderon's Autos. leisteten hierbei die vortrefflichsten Dienste. Der Wiener Jesuit Avancini ahmte sie in allen drei Teilen seiner „Poesis dramatica" (Wien 1671 und Köln 1675) nach**) Laurentius von Schnüffel geistliche Spiele und Schäfereien (1681—98) sind von Erinnerungen an Juan de la Cruz und an den „Autos" Calderons ganz getränkt (Menzel II S. 250).

Solange das jesuitische Theater in Österreich und in Deutschland als bedeutende geistige Macht wirkte, also bis um die Mitte des 18. Jahrhunderts schöpfte man rücksichtslos aus Calderon'schen Quellen. Noch im Jahre 1759 ist der Einfluss der „Autos" Calderons im „The-atrum Parthenium" des Jesuiten Weitenauer erkennbar.***)

— Schon um 1520 dozierte ein Spanier (freilich kein Jesuit) Mateo Adriano, hebräische Sprache und Medizin in Wittenberg, und in Wittenberg studierten einige Spanier, Anhänger Luthers und Melanchthons, so Francisco de Enzinas. 1538 ist ein Juan Ramirez (hispanus) in Wittenberg inscribiert, ein Fernando (von der Insel Canaria), im 1539 und eine ex Fortunatis im 1541. Vgl. Menéndez y Pelayo: Historia de los heterodoxos españoles B. II S. 225 und über Marco Casiodoro, der in Wittenberg imma-trikuliert war: B. II S. 477.

*) Vgl. Rousselot: Les mystiques espagnols. Paris 1867. Man lese die Obras de Santa Teresa de Jesus in der Novisima ediccion de Don Vicente de la Fuente. Madrid 1881 (6 B.)

**) Vgl. Wolfgang Menzel: Deutsche Dichtung, Stuttgart 1859 B. II S. 246 f.

***) Menzel II. S. 258. — Der Jesuit Claus hatte in seinem Vulpanser (Augsburg 1741) Calderons „La Vida es sueño" nachgeahmt. (Menzel II 255). — Die in München 1747 erschienenen Festspiele: „Flores" des Ferdinand Huber, und die Schulkomödien: „Medita-tiones" des Franz Neumayr (München 1748) haben die „Autos" Calderons als Grund-lage (Menzel II 255 f.).

Die ersten deutschen Jesuiten freilich (im 16. Jahrhundert) haben die Spanier in ihrem Theater kaum nachgeahmt. Und so befremdet mich nicht in K. von Reinhard-stöttners: Zur Geschichte des Jesuitendramas in München a. a. O. S. 53 ff., kein einziges Jesuitendrama mit spanischer Quelle gefunden zu haben.

Dafs die Jesuiten, welche vorzüglich am österreichischen Hofe recht daheim waren, den ersten Anstofs zu Aufführungen spanischer Bühnenstücke gaben, ist wohl denkbar. Seit Rudolph II. (1576—1612), der volle acht Jahre seiner Jugend am Hofe Philipp II. zugebracht hatte, herrschten spanische Sitten am Wiener und am Pragerhofe. Seine Nachfolger Mathias und Ferdinand II. liefsen sich durch die Jesuiten und durch Spanien beeinflussen. Leopold I. (1640—1705) hatte sich Philipp II. zum Vorbild genommen. Sein Erzieher war der berühmte Johann Eberhardt Nithard, der in Spanien eine so grofse Rolle spielen sollte. Ein Spanier Rojas Spinola war Leopolds Beichtvater. Im Jahre 1666 vermählte er sich in erster Ehe mit der Prinzessin Margaretha Theresia von Spanien. Die spanische Sprache war ihm geläufig. Er gebrauchte auch gerne spanische Wendungen in seiner Rede. In Wien, behauptet Ebert, wurden in Folge der Vermählung Leopolds Schauspiele und Opern in spanischer Sprache selbst aufgeführt.*) Um 1668 brachte man das Drama Calderons „Darlo todo y no dar nada" in einer deutschen Übersetzung auf die Wiener Hof-Bühne,**) vermutlich nach einer holländischen Übertragung. — Schon 1647 erschien in Brüssel eine holländische Übersetzung von Calderons „La vida es sueño***) und am 8. September 1666 befand sich die Verdeutschung davon in dem von Michael Daniel Treu redigierten Verzeichnis der Stücke, welche er mit seiner Truppe am bayerischen Hofe aufzuführen gedachte: (Nr. 6) Von Sigismundo oder

---

Ich bemerke hier nur nebenbei, dafs in dem zu Augsburg 1698 erschienenen Jesuitenstück: Der Tag-lange Bauren König der „Quijote" benutzt wurde. Vgl. A. v. Weilen: Shakespeare's Vorspiel zu der Widerspänstigen Zähmung. Frankfurt 1884 S. 37 ff.

*) Ebert in Deutsch. Vierteljahrs. a a. O. S. 88. „Welche spanische Stücke er meint, weifs ich nicht." Sie sollen sich in der k. k. Hofbibliothek in Wien erhalten haben (S. 89).

**) Vgl. Heine: Calderon im Spielverzeichnisse der deutschen Wandertruppen Zsch. f. verg. Litt. N. F. B. II (S. 165 ff.).

Die Unterschrift lautet: Alles geben und doch nichts geben oder / dieses ist der schönste Sieg, sich selbsten / überwinden / de Don Pedro Calderon / aus dem spanischen übersetzt, v. M. H. S. D. — — Es ist offenbar dieselbe Prosaübersetzung, deren Handschrift in der Wiener k. Hofbibliothek schon von Schuchardt bemerkt wurde. (Vgl. Schuchardt. Zur Calderons Jubelfeier in Neue Freie Presse 1881 Mai) und in „Romanisches und Keltisches" Berlin 1886 S. 116. —

***) Unter dem Titel: Het Leven is maer droom, Bly eyndigh treurspel vertoont in de wonderlyke op-Voedinghe van Sigismundus Prince van Polen. Vgl. E. Dorer: Beiträge zur Calderon-Litteratur II. Heft. Dresden 1884, S. 18. — Die italienische Übersetzung der „Vida es sueño." Venezia 1663, welche Dorer angiebt, scheint mir nicht die erste zu sein.

— 59 —

dem tyrannifsen Printz von Bolen."*) In der nämlichen Liste sind
einige weitere Dramen spanischen Ursprunges verzeichnet. (Nr. 7).
Von dem verwirrten Hoff von Cicilien, mit wolgesetzten reden aus
dem hollendissen übersetzet (Trautman S. 301), nach Greflingers
Übersetzung von Lope „El palacio confuso." (Nr. 11) „Vom Könnich
Eduardo Tertio aufs Engelandt wirt sonsten genand der klägliche Bezwang," wahrscheinlich nach Lope de Vega: „La fuerza lastimosa,"
eine von Harsdörffer bekannte und benützte Comedia. Ein Stück
„Der klägliche Bezwang" war schon 1658 von deutschen Schauspieler-
truppen aufgeführt.**) (Nr. 14): Der Streit zwifsen Aragonien und
Cicilien, (von den englischen Komödianten, wie wir sahen schon
längst gespielt) nach Lope de Vega: „Den Pedro de Cardona" (?)
(Nr. 16) „Von Aurora und Stella" eine Verdeutschung von Calderons „Lances de amor y fortuna", nach dem holländischen von
Hendrik de Graef oder nach dem französischen des Quinault: „Les coups
de l'amour et de la fortune."***) (Nr. 17). Von Carel und Cassandra
vermutlich nach Lope: „Cárlos el perseguido." Von Piron aufs Frankreich nach Montalvans „El mariscal de Viron"; schon 1653 war den
Deutschen ein Bironius „Tragoedia politica" bekannt (Dessoff. 9)†).

Von 1666 an erschienen in dem Spielplane der deutschen Wandertruppen oft Bearbeitungen von spanischen Dramen††). Die Niederlande,
ebensogut wie Frankreich bildeten, wie schon bemerkt, die Brücke
zwischen Spanien und Deutschland. Die Wanderung begann gewöhnlich von Hamburg aus, wo das Bedürfnis des Übersetzens am meisten

---

*) Vgl. Trautmann: Deutsche Schauspieler am bayerischen Hofe a. a. O. S. 301.
Das gleiche Verzeichnis von Daniel Treu (vom Jahr 166) in K. I. Gaedertz: „Archivalische
Nachrichten über die Theaterzustände von Hildesheim, Lübeck, Lüneburg im 16. und
17. Jahrh." Bremen 1888. S. 100 f.

**) Vgl Dessoff, der neuerdings in dieser Zeitschrift einen sehr wertvollen Beitrag
über die Geschichte des spanischen Drama lieferte: Über spanische, italienische, französische Dramen in den Spielverzeichnissen deutscher Wandertruppen Z. f. v. L. N. F.
IV. (S. 7). — Auch über die Quellen anderer Stücke wurde hier Dessoff consultiert.

***) Beides möglich, nach meiner Ansicht. Dessoff S. 2 glaubt sicher, dafs dies
Deutsche Stück auf die französische Bearbeitung beruht.

†) Nr. 3: Gaston von Mongado, welches Heine für eine Bearbeitung Calderons:
Lances de amor y fortuna hielt, ist wie Dessoff (S. 5) bemerkt, eine Bearbeitung der
„opera scenica" des Giacinto Andrea Cicognini, „Il. D. Gastone die Moncada".

††) Das mitgeteilte Verzeichnis von Daniel Treu giebt einige wichtige Ergänzungen
zu C. Heine: Das Schauspiel der deutschen Wanderbühne vor Gottsched, Halle 1889.
20 Jahre ungefähr vor den ersten angegebenen Daten Heines wurden spanische Stücke
von den Wandertruppen aufgeführt. Vgl. den ziemlich flüchtigen Abschnitt „spanische
Originale" S. 10 f. Unter anderem wird hier Rist und Klaj verwechselt.

fühlbar wurde. Man liefs die Kunst bei Seite und trachtete nur nach grofser Wirkung, wie die Jesuiten. Diese sogenannten Haupt- und Staatsaktionen entsprechen den italienischen mittelmäfsigen Nachahmungen des spanischen Theaters, den „Azioni reali comiche.“ Sie sollten nur fürstliche Höfe ergötzen. Sie bewegten sich in durchaus aristokratischer Sphäre. Um recht tüchtig zu blenden, erhöhte man die von dem Dichter angedeuteten Kontraste. Ein Bühnenstück war nie theatralisch genug, wenn es nicht gewissermafsen an die Oper grenzte. Die zarten Linien in der Charakteristik wurden verstärkt und vergröbert. Man wählte mit Absicht Blut und Schreckensscenen, also das Schwächste aus der spanischen „comedia“. Man fügte oft Chöre hinzu. Von einem entscheidenden woltätigen Einflufs der spanischen Dramatik kann also kaum gesprochen werden. Wenn Calderon gleich dem erfindungsreichen Lope von den Wandertruppen vorgezogen wurde*), so geschah es nur defshalb, weil er unter den Spaniern am meisten dem grofsartig Effektvollen huldigte. Was uns heutzutage an ihm mittelmäfsig, schwach und oft verwerflich erscheint, war damals gerade das Bevorzugte. Das herrliche Drama Calderons: „La vida es sueño“ wurde zu wiederholten Malen aufgeführt. Wie befremdend und peinlich mufste dieser verdeutschte Prinz Sigismund auf einen damaligen spanischen Zuschauer wirken, der an das dämonisch Hinreifsende, an das melodisch Verlockende seines grofsen Dramatikers gewohnt war!**)

*) In Johann Velten: Repertoiren vgl. Heine, Velten S. 20 ff. erschienen einige Stücke aus Calderon: Darlo todo y no dar nada (Alles geben und doch Nichts geben). „Lances de amor y fortuna (Comoedia de Aurora und Stella). „El mayor moustruo los celos. (Das gröfste Ungeheuer, oder der eifersüchtige Herodes). „La vida es sueño (Prinz Sigismund von Polen). — Die grofse Königin Semiramis ist, wie Dessoff erklärte, eher aus Lope de Vega: „La Semiramis“ oder noch eher der „Gran Semiramis“ des Cristoval de Virues als aus Calderons: „La hija del aire“ entnommen.
Aus einer italienischen Bearbeitung des „Alcalde de si misma“ oder aus einer schon vorhandenen deutschen Posse lieferte H. Hinze schon 1680 einen deutschen Operntext: „Sein selbst Gefangener.“ Er wurde von Franke in Musik gesetzt. Vgl. Dorer die Calderon-Litteratur in Deutschland S. 28. „Früher noch spielten die Deutschen eine Posse „Sein selbst Gefangener“ aus Scarron: Le gardien de soi-même, eine Bearbeitung des „Alcalde.“
Auch Calderons Stück: „Peor está que estaba“ kam nach seiner Wanderung ins Italienische: „Quando sta preggio sta meglio“ auch in die Repertoire der deutschen Schauspieltruppen (Dessoff).
**) Auch der Hamburger Christian Heinrich Postel bearbeitete im Jahre 1693 nach dem Holländischen die „Vida es sueño“. Er machte einen Operntext daraus. Der königliche Prinz aus Polen, Sigismund, oder das menschliche Leben ein Traum (Hamburg 1693). Conradi machte die Musik dazu. Über die früheren und späteren Bearbeitungen dieses so beliebten spanischen Dramas vgl. Dorer: Die Calderon-Litteratur in Deutschland. Leipzig 1881 S. 21 f.

Von Lope de Vega, dem gröfsten Helden der spanischen Bühne
kannten die Deutschen des 17. Jahrhunderts aufser den bereits er-
wähnten*) etwa: El mayor imposible — Das unmöglich mögliche. Das
unmöglichste Ding (Heine, Schauspiel S. 11); La dama estudiante (?)
(Uns nur aus seinem Peregrino en su patria bekannt) — Jungfer
Studentin; El triunfo de la humildald y soberbia abatida (?) — Die
erhöhte Demut und der erniedrigste Hochmut; El cuerdo loco (?) — Die
vorsichtige Tollheit (aus dem holländischen Joritz de Wyle voorsigtige
Dolheit (1650); La ocasion perdida — Die versäumte Gelegenheit.
(Rotrou: Les occasions perdues); La prison sin culpa — Vom un-
schuldig Gefangenen. Von Tirso de Molina war „la celosa de si
misma". — Die Eifernde mit sich selbst oder die betrügliche Maske
(nach Boisrobert: La jalouse d'elle même). Von Alarcon: La verdad
sospechosa. — Der künstliche Lügner (nach Corneille: „Le menteur").
Von Francisco de Rojas: No hay padre siendo rey (?) Der tyrannische,
doch mifsverstandene Bruder-Mord, oder der gerechte Vatter und
strenge Ritter. (Rotrou: Venceslas). Von Solorzano: El marques de
Cigarral — (Scarron: Dom Japhet d'Arménie) (Deutsch sehr oft gegeben). Von Diego y José de Figueroa y Córdoba: La dama capitan
(Montfleury: Fille capitaine — Holländisch: De Maid Kapitain) — Deutsch:
die Jungfer Kapitain. Das Schauspiel „Dar la vida por su dama ó
el Conde de Sex des Antonio Coello, das Corneille, La Calprenède
Claude Royen bearbeiteten, und Lessings „Hamburgische Dramaturgie"
berühmt gemacht hat, fand sich noch in den deutschen Spielplänen
vor dem Schlufs des 17. Jahrhunderts vor**).

VII.

Das Ende des Jahrhunderts hatte den Spaniern ihr erstes, für
jene Zeit bewunderungswürdige litterarhistorische Werk gebracht:
Die „Bibliotheca hispanica" (Bibliotheca Nova, Rom 1672, Bibliotheca

---

*) Was folgt ist aus Dessoffs Artikel entnommen. Ich mufs gestehen, dafs Ich die
von Dessoff angegebenen spanischen Quellen nicht selbst auf ihre Richtigkeit untersucht
habe. Diese Arbeit war längst abgefertigt, als mir die Schrift Dessoffs zukam.

**) Vgl. C. Heine: Graf Essex, aus Ludwig Hoffmanns Repertoire, in Vierteljahrs.
schrift für Litteraturgesch. B. I S. 323 ff.

Bemerkenswert ist, dafs die Truppendirigenten die Bearbeitungen spanischer Komödien
für die interessantesten und wirkungsvollsten hielten. Kuehlmann fragt im Juli 1688 den
Markgrafen von Baden um die Erlaubnis „unfsere sehr lustige doch ohnärgerliche
Comoedien / welche sowohl aus den berühmten Spanischen Italienischen und Französischen
Autoribus in das hoch Teutsche übersezet worden / aufzuführen. — Vgl. Trautmann
Schauspiele am bayer. Hofe u. a. O. S. 328 und wiederum S. 379.

Vetus Rom 1696) des Nicolas Antonio, eine historische litterarische Encyklopädie, welche noch heutzutage als Grundlage für die Kenntnis spanischer Litteratur dient. Die „Bibliotheca" war lateinisch verfaßst und konnte um so eher Eingang in die gelehrte Welt finden. In Deutschland aber, wo doch Valerius Andreas Taxander schon 1607 in Mainz einen „Catalogvs clarorvm Hispaniae scriptorvm*) und Andreas Schottus gleich im folgenden Jahre 1608 in Frankfurt sein Werk: „Hispaniae Bibliotheca seu de academicis et bibliothecis, item elogia nomenclator clarorum Hispaniae scriptorum, qui latine disciplinas omnes illustrarunt"**) drucken liefsen, beschränkte sich die Bekanntschaft der spanischen Litteratur bei den damaligen Gelehrten auf die Kenntnis einiger Namen von spanischen Schriftstellern und einiger Titel von spanischen Büchern. Nicolas Antonio vermochte nur den Reichtum an Titeln zu vermehren und spornte weiter keinen Deutschen an in den Garten spanischer Dichtung einzudringen.

Morhof, als echter vielseitiger Gelehrter wagte in seiner ersten Schrift: Unterricht von der Teutschen Sprache und Poesie (Kiel 1682) einige sehr prätentiöse Urteile über die Poeterey der Spanier.***) Wo er aber Nicolas Antonio und René Rapin, dessen Réflexions· sur la Poétique d'Aristote et sur les ouvrages des poétes anciens et modernes in Paris 1674—75 erschienen waren, seine beiden Hauptquellen verläfst, ist seine Kritik durchaus bedeutungslos. Er hatte keinen Begriff von der spanischen Sprache und doch urteilte er, dafs sie nicht „mit

---

*) Der Belgier Andreas Taxander (1588—1655), ein Schüler von Schottus, hatte seinen Catalogus noch als 19jähriger Jüngling veröffentlicht: Er berücksichtigte nur die lateinisch schreibenden Spanier „Latinos vero potissimum Scriptores damus, aut est saltem, qui in alias transferri linguas dignum visi sunt" heifst es in der Vorrede.

**) Die Bibliotheca des Schottus enthält besonders vorzügliche Angaben über die spanischen Humanisten.

Geschätzterer ist das andere Werk Schottus: Hispania illustrata, seu rerum urbiumque Hispaniae etc. Francofort 1603—1616) in 4 Bde., von denen nur die 2 ersten von Schottus ediert wurden, das 3. von Joh. Pistorius, das 4. von Schottus Bruder Franciscus.

Morhof kannte diese beiden Werke. Vgl. sein „Polyhistor, sive de noticia auctorum et rerum commentarii Lübeck 1688." — Ich benutzte die vorletzte Ausgabe mit Fabricius Zusätzen Lübeck 1732. Vgl. B. I Lib. I Cap. XVIII §. 31.

***) Ich benutzte die 5. Ausgabe, Lübeck 1718 (III. Kapitel): „Von der Spanier Poeterey" S. 193—206. — Die historische Bedeutung Morhof's für unseren Zweck hat schon Ebert: Deutsche Viertelj. S. 90 f. hervorgehoben und nach ihm Max Koch in dem Aufsatze: „Calderon in Deutschland" (zum 25. Mai 1881. Im „Neuen Reich" 1881 B. I S. 781 f.).

Aus Morhof's Polyhistor entnahm Schack eine wichtige Stelle für seine „Geschichte ·· dramatischen Litteratur und Kunst in Spanien" B. III S. 453.

solcher Sorgfältigkeit aufsgeübt / wie die andern" sei. (Unterricht
S. 204). Er hatte somit keine spanischen Bücher gelesen. Dafür war
er im Stande über alle lateinischen Abhandlungen über diese Bücher
selbst zu berichten. Er gilt in Deutschland als der erste, welcher eine
allgemeine Litteraturgeschichte zu schreiben versuchte (obgleich ihm
Valentin Heinrich Vogler, Professor der Medicin in Helmstadt", mit
einer „Universalis in notitiam cujusque generis bonorum scriptorum
introductio (1670) um 18 Jahre zuvorgekommen war) und wir müssen
ihm dankbar sein, dafs er der Spanier wenigstens gedachte, ohne sie
allzusehr zu verachten. „Ich wende mich zu den Spaniern," sagt er
gleich im Anfang des II. Kapitels seines Unterrichts, „einem Volke /
dessen Ernsthafftigkeit, kaum der Poetischen Zierligkeit fähig zu
seyn / scheinen solte" (S. 194). „Nur wenn sich die Natur selbst hervor tut, so hat man die herrlichsten Poeten auch bey ihnen gesehen."
Leider meint Morhof, hat die Poesie der Spanier mit einigen: „Romainen" angefangen, von denen er nach der von ihm citierten „Dissertation sur l'origine des romans" des Pierre Daniel Huet*) glaubt,
dafs sie von Frankreich nach Spanien und nach Italien importiert
worden seien. „Sie (die Spanier nämlich) sind etwas späte zu der
heutigen Poeterey gekommen. Nur haben sie sich vorhin mit ihren
Romainen / und einigen gemeinen Moren-Liedern vergnüget." Die
spanische Dichtung beginnt, nach Morhof, zwei Jahrhunderte später
als die französische und die italienische. Dafs die Spanier die höchste
dichterische Vollkommenheit erreichen können, bezeugt Morhof selbst:
„Es ist aber," sagt er weiter, „ihr Trieb zu der Tichterey mit vielen
seltzamen Romainischen Gedanken / als wie mit einer Krankheit eingenommen / welche sie in allen ihren Vornehmen begleitet. Ihre Ritter,
die sie einführen, müssen notwendig Liebhaber seyn. Ihre Heroischen
Poemata / ihre Tragoedien / sind mehrentheils mit solchen Thorheiten
verderbet. Sie ergiessen sich in weitläufftige Digressiones, wie Diego
Ximenes (sic) (Aus Diego Laynez Vater des Cid und Ximenes Frau
des Cid resultiert Diego Ximenes) in der Eroberung von Valencia.
Sie ergötzen sich in ihren Einfällen / und hangen ihnen nach / wollen

---

*) Der „Essai sur l'origine des romans" des Huet, Bischof, von Avanches wurde dem
Roman Zaïde der Mm. La Fayette im Jahre 1760 vorgedruckt. Einiges darüber Haussonville:
Mm. de La Fayette et Ménage, d'après des lettres inédites in „Revue des deux Mondes"
1890. 15. Mai (S. 284). — Eine lateinische Übersetzung davon: Pet. Dan. Huetii: De
Origine Fabularum Romanensium druckte man schon zu Leipzig 1683 ein Jahr nach
Morhofs Unterricht. — Den Deutschen galt lange Huetius Tractat als eine Art Bibel
für die Beurteilung der Romane.

Dinge mit weit geholten Zierathen mehr und mehr aufsputzen (S. 198). Beispiele für diesen schwulstigen Stil sind ihm die Werke Quevedos und die Romanzen Góngoras. Der Don Quijote des Cervántes „eines Secretarii bey dem Duc d'Alba" gilt für Morhof als die „artigste Satyre die jemahls gemacht werden kan" (S. 199). Über die spanische Lyrik holt er bei Nicolas Antonio Rat. Garcisaso de la Vega und Bartolomé Leonardo Argensola werden genannt, der erste „welcher aus den Lateinischen und Italienischen Carminibus / die er fleifsig gelesen / die beste Art zu poetisiren angenommen / auch einige Gleichförmigkeit der Italiänischen Reimgebäude der spanischen Sprache einverleibet (S. 202). Die spanischen Dramatiker waren Morhof so zu sagen unbekannt. Über Calderon herrscht im „Unterricht" volles Stillschweigen. Lope de Vega gilt ihm als ein gemeiner Poet. Er hat sämtliche aristotelischen Gesetze über den Haufen geworfen. Er hat sich an keine Regeln der Kunst gebunden, sondern „seine Feder lauffen lassen / wohin sie die Gedanken geführet." Dafs Lope 1800 Dramen geschaffen, darf keiner als Wunder betrachten: „Denn / weil er keiner Reime sich gebraucht / so hat er viel eher damit fertig werden können.*)

Kommt Morhof gelegentlich auch im Polyhistor (1688) auf spanische Dinge zu sprechen, so ist ihm wiederum meistens Nicolas Antonio mafsgebend. Seine erstaunliche aber doch entlehnte Gelehrsamkeit gelangt hier zur Geltung. Büchertitel werden haufenweise angegeben, aber kein spanisches Werk wird besprochen. Freilich bemerkte Morhof zu seiner Entschuldigung: „Verum raro admodum ad nos isti libri perveniunt"**). So wird unter anderem angeführt: Juan de Mal Laras: La filosofia vulgar (in der Ausgabe Madrid 1558), und Juan de Soropan de Rieros: Medicina Española contenida en proverbios vulgares de

---

*) Anerkennender spricht Morhof von Lope im Polyhistor. B. I Lib. VII Kap. I § 8. „Enimvero, ut negandum non est, fuisse, in pangendis Versibus Vernaculis / prae omnibus Hispanis popularibus suis / felicem Lupum / cujus versus fundendi vis multorum admirationem excitavit." — Lope's: „Arte nuevo de hacer comedias", welcher schon einigen Pegnitschäfern bekannt war, wird auch hier erwähnt. Die Freiheiten, die sich Lope in seinen Comedias erlaubt hatte, werden teils entschuldigt, teils getadelt. — Über Lope sagt Morhof weiter: „Non sane video, qui non eodem jure possis loquacem rabulam / ad auram plebis captandam unice suis fucis intentum, et nescio quibus verborum sublimium lenonciniis / in tenui charactere, pueriliter lusitantem, optimo Oratori praeferre." — Morhof hatte die „Fama póstuma de Lope de Vega," des Juan Perez de Montalvan (Madrid 1636) und die im gleichen Jahre zu Venedig erschienenen: „Esequie Poetiche ovvero lamento delle Muse Italiane in morte del Signor Lope de Vega Poeta Spagnuolo" gelesen. —

**) Polyhistor. B. I Lib IV Kap. IV. § 18.

nuestra lengua (Ausg. Granada 1616—17) (Polyhistor. B. I. Lib. I. Cap. XVIII § 31); im Abschnitt über die „Lingua Hispanica: Covarrubias: Origines linguae Hispanicae*) (er meint den Tesoro de la lengua Castellana Ausg. Madrid 1674) die zwei Hauptwerke Aldrete's: Origen y principio de la lengua Castellana“ und die „Varias antigüedades de España, Africa y otras provincicias (B. I L. IV. Cap. IV § 18); im Abschnitt: „De scriptoribus ad Artem Poeticam facientibus“ werden die Tractate über Poetik des Emanuel de Faria y Sousa, des Alfonso de Carvalho, des Pedro de Salas und Alfonso Lopez Pinciano erwähnt (B. I. Lib. VII. Cap. I. § 7) „Unter den „Rhetoribus atque Oratoribus sacris“ treffen wir mit anderen die berühmten Spanier Juan de Valdés, Fray Luis de Granada und Juan de Avila (B. I. Lib. VII. Cap. IV. § 25—26). Der einzige Lope vertritt die Poesie, speziell die Komödie. Dagegen glänzt in Kapitel: „De scholasticis Realibus“ eine schöne Reihe von spanischen Theologen und Scholastikern **).

Ist Morhof's Gelehrsamkeit auch nur eine erborgte, so war er doch einer der wenigen Deutschen, die am Schlusse des 17. Jahrhunderts sich um die spanische Litteratur bekümmerten. Die Agudezas eines Gracians und die politischen Gedanken eines Diego de Saavedra y Faxardo beschäftigten lange Christian Thomasius, einer der besten Förderer deutscher Wissenschaft im 17. Jahrhundert. Bekannt ist, dafs er im Jahre 1688 die erste Vorlesung in deutscher Sprache an der Leipziger Universität über: „Gracians Grundregeln, vernünftig, klug und artig zu leben“ hielt***). Im letzten Halbjahre der „Gespräche“ 1690 (die erste deutsch geschriebene gelehrte Zeitung), rückte Thomasius

---

*) Covarrubias „Tesoro de la lengua castellana“ war gewöhnlich mit Aldretes „Origines linguae Hispanicae“ zusammengedruckt (wie in der Madrider Ausg. 1674) Daher der falsche Titel bei Morhof.

**) B. II. Lib. I. Kap. XIV § 14—59. Ich gebe hier die Namen der erwähnten spanischen Theologen und Scholastiker, nach den betreffenden §§ geordnet. Juan de Rada, Bartolomé de Medina, Nuño Cabezudo, Jaime de Granada, Francisco Murcias de la Liana, Pedro Hurtado de Mendoza, Francisco de Vitoria, Gabriel Vasquéz, Francisco Suarez (der bedeutendste unter ihnen und der bekannteste unter den Deutschen. Viele deutsche Theologen sind von Suarez Lehren beeinflufst worden. Leibnitz in den Nouveaux essais sur l'entendement humain (1704) Lib. IV. Kap. VII nennt Suarez einen gründlichen, tiefsinnigen Denker). Gregorio de Valencia, Francisco de Oviedo, Rodrigo de Arriaga, Didacus Alvarez, Juan de Lugo. — Eine Würdigung dieser gelehrten Spanier, welche in den damaligen theologischen Diskussionen oft als Orakel galten, und in dem Trentiner Concil eine grofse Rolle gespielt haben, hat der gelehrte Menéndez y Pelayo in seinem Werk: La Ciencia Española Mad. 1887 Tom. I und ff. versucht.

***) Vgl. K. Biedermann. Deutschland im 18. Jahrhundert. Leipzig 1880 II. T. I. Absch. S. 351.

eine Kritik des vielgelesenen Werkes des Diego y Saavedra: „Idea de un príncipe político Christiano representado en cien Empresas" (S. 683 ff).

Schon zwei Jahre früher, bereits im ersten Hefte seiner Zeitschrift (1688 Frankfurt-Leipzig) im Gespräche über „Schertz und Ernsthaffter Vernünftiger und Einfältiger Gedanken, über allerhand Lustige und nützliche Bücher und Fragen" wird des Don Quixote de la Mancha („der sich eingebildet, er sey ein ümbschweiffender Ritter") und seines Dieners „Sancho Panscha" lobend gedacht*).

Der Zürcher Gelehrte und scharfsinnige Kritiker Gotthard Heidegger vergafs die Spanier in seiner: „Mythoscopia Romantica" (Zürich 1698) nicht**). Huetius Tractat galt ihm zwar als eine Hauptquelle, allein die bittere Persiflage, welche er auf sämtliche Romane ausübt, zeigt von wirklicher, direkter Lektüre***). Den Cervántes hat Heidegger kennen ge-lernt, er nennt ihn „under den neuweren Lucianisirenden Schriftstellern". Sein „Quijote" meint er, sei wie alle Schriften Rabelais nichts anders „als eine Satyre oder Stachelschrift wider den andren" (vgl. die Zu-schrift). Italien und Spanien sind „in dem Fleifs allerhand Romans auffzubringen nicht schläfferig gewesst" (S. 37). Deutschland folgte dem Beispiele der romanischen Länder, allein sagt Heidegger (85) „mich nimmt wunder, wo mancher Leser Gedult hernimmet die heutige Salbader (denn ich rede nicht eben vom Amadis, Gusman, Marcebille und dergleichen Kinderpossen, sondern auch von den besten und be-rühmtesten heutiger Zeit) durchzulesen".

Weit mehr als Heidegger verdient neben Morhof der schwülstige und lohensteinisierende Dichter Christian Heinrich Postel als ein Kenner der spanischen Litteratur genannt zu werden. Er hatte im Jahre 1693 für die Hamburger Oper ein Libretto aus Calderons Leben ein Traum bearbeitet (vgl. S. 60) und obgleich, er sich der Bequemlichkeit halber, einer holländischen Vorlage bediente, so hatte er, wie Weichmann richtig in der Vorrede zum „Wittekind" versicherte, neben vielen fremden Sprachen auch das Spanische inne†).

---

*) Ich habe die „Gespräche Thomasius" leider nicht benutzen können und zitiere nur nach Prutz: Gesch. des deutsch. Journalis. S. 330 u. S. 396.

**) Mythoscopia Romantica oder Discours Von den so benannten Romans, das ist erdichteten Liebes- Helden- und Hirtengeschichten: Von dero Ursprung, Einrisse, Verschiedenheit, Nütz- oder Schädlichkeit: Samt Beantwortung aller Einwürffen und vilen besondern Historischen und anderen anmüthigen Remarques. Verfasset von Gotthard Heidegger V. D. M. Zürich 1698.

***) Er war ein Kenner der spanischen Litteratur sagt Bächtold in der Gesch. der deutsch. Litt. der Schweiz S. 174.

†) Der grofse Wittekind in einem Helden-Gedichte von Christian Heinrich Postel. — Mit einer Vorrede von dessen Leben und Schriften von C. F. Weichmann. Hamburg 1724. —

Seine Kenntnis der spanischen Sprache und der spanischen
Litteratur bekundete Postel ganz besonders in dem lateinischen Briefe:
„De linguae Hispanicae difficultate elegantia et utilitate μελετημα ad
Plur. Rever. Dom. Jacobum a Mellen et Polyhistorem. Lubecensem“,
welcher in dem von Leopold und Jacob von Mellen redigierten
Litteraturblatt für den Norden, in den „Novis Literariis maris Bal-
thici“ vom Jahre 1704 gedruckt wurde (S. 111 ff). In diesem Briefe
scheint mir, dafs Postel gerade wie Harsdörffer und im Gegensatze
zu Morhof seine Kenntnisse unmittelbar aus den Quellen schöpfte.
Er besafs mehrere Ausgaben von spanischen Schriftstellern, unter
andern die Gedichte Boscan's und Garcilaso's in der Ausgabe von
Barcelona 1554 (ipse possideo, sagte Postel ausdrücklich S. 120—21).
Von Góngora „dem Fürsten der spanischen Dichtung“ sagt Postel:
„Possideo ego editionem Bruxellensem anni 1659 elegantissimam
quidem, Poemata ipsius, facile elegantissima de Polyphemo et Gala-
thea, item de Pyramo et Thisbe, illud cum erudito commentario Don
Garziae de Salzedo, hoc cum optimo illustrato et non indocto commentario Christophori de Salazar Mardones in apparatu meo librorum
extant“. Von den Werken Gil Polo's ist ihm „ad manum“: Las
Obras en Prosa y verso de Salvador Jacinto Polo, impressae Zara-
gozae 1670. Von Zavaleta die „Obras en prosa“, (Edit. mea. Amst.
1672.) Die Werke des Gracian's „Huius viri sunt libri, quibus in eo
genere, orbis terrarum nil majus vidit“, waren für Postel eine Art
poetisch-litterarische Bibel, er hatte sie beständig in den Händen. —
Von gesunder Kritik ist aber in Postel-Briefen keine Rede. Überall
leere Phrasen, nirgends ein begründetes, vernünftiges Urteil. Sprache
und Dichtung der Spanier werden in ganz enthusiastischer und über-
triebener Weise gepriesen. Gracian und Góngora sind nach Postels
Meinung Götter, und Götter unterer Ordnung sind für ihn alle übrigen
spanischen Schriftsteller, die er kennt. (S. 119 f.) „Sciendum autem
Hispanicos poetas nonnullus tanta elegantia, suavitate, eruditione,
majestate etc. scripsisse, ut nulli herbam dent. Divinam enim illam
sublimitatem, quae ab hominibus separat, et poësin illorum linguam
esse voluit, ita feliciter assecuti sunt, ut in illo puncto vix Graecis et
Latinis cedant“. Nicht wenige Spuren der leeren, schwülstigen Prosa
der spanischen „Seicentisti“ sind in dem Briefe leicht zu erkennen.
Will Postel irgend ein Lob aussprechen, so drückt er sich folgendermafsen aus: „Quis unquam cultius et selectius scripsit, in Historias
Mariana, in Politicis Saavedra, in Theologis Gueva[r]ra u. s. w. oder:

5*

„Ubinam Phrases suaviores atque copiosores, quam apud dictum Saa-
vedram, item Johannem de Zavaleta u. s. w.
Gleich im Anfange des Briefes zitiert Postel eine gelehrte Epistel
eines Dr. Casparis Lindenbergü: Linguae Hispanicae utilitatibus
Theologicis (S. 112), die mir leider unbekannt geblieben ist, und
welche oft von Postel in seiner, für unsere historische Entwickelung
wichtigen Schrift, zu Rate gezogen wurde.

Was die spanische Sprache betrifft, so ist Postel der Meinung,
Vossius, welcher sagte „Horum (Hispanorum nämlich) idioma tanta
prae se ferre majestatem, ut non modo alias dialectos a Latino ser-
mone prognatas, sed et omnium gentium linguas superet longissime
(S. 128). An diese Sprache, welche über alle anderen den Sieg
trägt „suavi et copiosa sive in troporum felici audacia et sublimitate
et quidquid harum amplius u. s. w. macht Postel, angeregt von
Aldrete: Del origen de la lengua castellana (von Postel S. 115. zitiert)
einige natürlich unglückliche etymologische Versuche. Daraufhin,
nach dem Lobe Mariana's, einiger politischer und kirchlicher Schriftsteller, bespricht er die besten spanischen Prosaiker. Cervántes eröffnet die Reihe (S. 118): „Unicum inter omnium est Michael de
Cervantes in sua elegantissima et nunquam satis laudata satyra, quae
vulgo sub nomine Don Quixote de la Mancha nota". In der Satire
steht ihm Luis Velez de Guevara ebenbürtig. Über alle anderen
emporragend sind Quevedo und der „summus", „unicus" Gracian.
„Ille in ligata et soluta oratione, in seriis et jocis, in moralibus et
satyris, in oratoriis et politicis se virum praestitit. Hic vero summus
Gracianus, qui vere omni encomio major, nihil non intactum reliquit,
quo sui admirationem moveret. In stylo enim illo nemo tersior, in
phrasibus nemo uberior, in metaphoris nemo judiciosior, in majestate
nemo sublimior, in allusionibus nemo felicior". Damit man „ex ungue
leonem" kenne, giebt Postel (S. 119) eine recht emphatische und
rethorische Stelle aus Gracians „El Criticon", welche nach Postels
Meinung „non tantum Patriam ipsius sed universum Orbem stupefecit".
— Über das Drama der Spanier ist Postel ebenso arm an Nachrichten als Morhof (Nicolas Antonio und Morhof sind zwei Quellen
für unseren Postel) und doch wird von dem Theater der Spanier
berichtet: (S. 119 „Comoediarum solum in regno illo unico tanta
est copia, ut reliquam universam vincat Europam". Und mit dieser
vagen Allgemeinheit ist Postels Urteil über die Comedias der
Spanier abgeschlossen. -- Unter den epischen Dichtungen wurden
Balbuenas „El Bernardo", die „Nápoles recuperada por el Rey Don

Alonso" des Francisco de Borja und der „Pelayo" des Alfonso Lopez
erwähnt, und neben diesen das von Postel bevorzugte „göttliche"
Gedicht „El Macabeo"; „meo autem judicio, in quo spero non fallor,
omnium optimus est: Miquel de Silveira in divino poëmate: El Macabeo". Die von den Deutschen später so beliebte „Arancana" scheint
Postel nicht zu kennen. — Unter den Lyrikern nimmt Francisco de
Quevedo eine der ersten Stellen ein: „Est admodum suavis, et exceptis
satyricis nonnullis, intellectu facilis, singularo donum postfidet, seriis
jocosa miscendi, et gravissimus philosophiae sententiis carmina sua
ornandi". Boscan, Garcilaso, Juan de Tassis Villamediana mußten
dem Góngora, dem anderen Angebeteten Postels weichen (S. 122).
Sed quid mihi mentem occupat, quod magni Gongorae hactenus sim
oblitus? Principe loco illum ponere debuissem u. s. w. Die Phrasen
nehmen kein Ende. Als Beispiel der Lyrik Góngoras giebt Postel
das mit Bildern überfüllte, doch melodisch zarte Sonett:
　　　　　　„Tras la vermeja Aurora, el sol dorado"
　　Lope de Vegas „Arcadia", Montemayors „Diana" und deren
Fortsetzungen des De Castro und Gil Polo vertreten die Gattung des
Schäfergedichtes. Es folgt die Sprüchwörterlitteratur mit den Hauptrepräsentanten, das Commentar des Herman Nuñez über die „Refranes
ó Proverbios", und Mal Laras „Philosophia vulgar", „Quaenam autem
linguae, Graeca ed Latina exceptis, illis (Proverbiis) Hispanica fertilior
est? In der politischen Litteratur ist Gracian wiederum ein unerreichter Riese: „Sed quid per ambages circumeo? Unicum Gratianum nominando res decisa est, El Politico Fernando, el Héroe, el
Discreto, el Oráculo manual u. s. w. Die Erwähnung einer Anzahl
moralischer und theologischer Werke der Spanier schließen die lange
Epistel, welche trotz der widerlichen Gracianischen Emphase, trotz
ihrer für jene Zeit leicht erklärlichen kritischen Schwäche, doch als
wichtiges Dokument für die Gelehrsamkeit Postels gelten darf und
die Schule so ziemlich bestimmt, an welcher der Verfasser des großen
Wittekind herangewachsen ist.
　　Von Postels Dichtung meldet Weichmann, daß: „wie emsig er
auch den Spaniern und Italiänern, nebst unserem Lohenstein folgt,
dennoch von deren hochtrabenden schwülstigen Schreib-Ahrt gar
merklich abgehet."*) In Wirklichkeit aber kann Postel als ein Schüler
Gracians und Góngoras betrachtet werden. Die Leere und die Extra-

---

*) Wittekind: Vorrede. — Anders aber J. J. Bodmer in den „Betrachtungen über
die poetischen Gemählde der Dichter". Zürich 1741. 7. Abschnitt.

vaganz der Gedanken wufste er mit einer schwülstigen und hoch-
tönenden Sprache zu verbinden. Im „Wittekind" trugen ihn die weit-
gespannten Flügel seiner epischen Muse nicht weit. Er schmückte
seine Verse mit dem schwerfälligen gelehrten Ballast von Citaten aus
alten und neuen Dichtern. Er hatte durch Happels Roman: „Der
sächsische Wittekind" und durch Hitas „Guerras civiles de Granada"
Anregung empfangen. Er liefs seinen Helden oft an den sonnigen
Gestaden Andalusiens landen, hütete sich nicht vor Anachronismen,
versuchte die Ruinen Granadas und des magischen Schlosses der
Alhambra mit den Farben der vergangenen maurischen Herrlichkeit
wieder zu beleben*), träumte, wie Hita, von den Liebschaften der
Aljerez und Khalifen, besang die Abenteuer der Fatima, Galjana und
anderer und schuf ein Werk, welches sogleich in Vergessenheit geriet
und für den Forscher noch ermüdender und langweiliger zu lesen ist,
als jene galanten Romane der Mlle. de Scudéry und Mme. de Lafayette,
welche zum gröfsten Teil aus Hitas schönem, romantischen Werke
hervorgegangen waren.**)

Postels Schwanengesang hat uns bereits an die Schwelle des
neuen Jahrhunderts gebracht***). Seitdem die Pegnitzschäfer vom litterarischen Schauplatze verschwunden waren, erlahmte in den deutschen
Schriftstellern das Interesse für Spanien. Der Schelmenroman verlor
seine ganze Originalität und verfiel in die endlosen und abgeschmackten
Reiseabenteuerlichkeiten, bis er durch die Robinsonaden neues ver-
wandtes Blut erhielt. Aus dem Spanischen übersetzte man 1671 nach
französischer Vorlage den Roman Quevedos „Don Pablo de Segovia":
Der abenteuerliche Buscon, eine kurzweilige Geschichte. Als Anhang
war „Der Ritter der Sparsamkeit" hinzugefügt (Frankfurt 1671)†).
Den ganzen „Don Quixote" übersetzte man zum ersten Mal im Jahre

---

*) Postel kann in dieser Beziehung als Vorläufer jenes Joseph Freiherrn von Auffen-
berg betrachtet werden, welcher in Karlsruhe 1829—1830 das ungeheuerliche, 1511 Seiten
starke dramatische Gedicht „Alhambra" in 3 Teilen veröffentlichte.

**) Anderer Meinung war freilich Weichmann, welcher, nachdem er in seiner oft
erwähnten Vorrede, dem „Wittekind" alles mögliche und unmögliche Lob gespendet, so
endigte: „Kurz ich bin versichert, dafs, wenn diess Werk völlig wäre ausgearbeitet
worden, Teutschland weit gröfseren Ruhm davon gehabt hätte, als Italien von seinem
Tasso und Marini zugleich."

***) Postel starb 1705. Der grofse Wittekind erschien erst 1724.

†) Vgl. E. Mérimée: Essai sur la vie et les oeuvres de Quevedo, Paris. 1886,
S. 461.

— 1704 erschien zu Kopenhagen eine weitere deutsche Übersetzung aus Quevedo:
„Reisen in die andere Welt" — Lustige und sinnreiche Schriften — (Mérimée S. 461).

1682. Er erschien zweibändig mit 32 schönen Kupfern zu Basel und Frankfurt*). Matthaeus Drummer von Padenbach übersetzte 1683 die poetischen Erzählungen „Noches de invierno" des Antonio de Eslava (Pamplona 1609)**) und führte damit W. von Willenhag zu seinen komischen Romanen: „Teutsche Winternächte" und „Kurtzweilige Sommertage"***). Schon 1676 hatte Lohenstein, welcher die Italiener, die Spanier und Holländer gern nachahmte, der Gracian Deutschlands, das Panegyrikum; „El político Fernando" seines Vorbildes übersetzt†). Im Jahre 1692 wurden die „Sueños políticos",

---

*) Der Übersetzer des Quijote von 1734 fand die Schreibart der Baseler Ausgabe zu „schweizerisch und undeutlich" — Vorrede zum „Don Quixote", Leipz. 1734.

— In der Schweiz erschien somit die erste vollständige Übersetzung des Romans des Cervántes. Ein Schweizer war es ebenfalls, welcher das Genie des Spaniers in Deutschland verkündigte.

— Bereits im Jahre 1722 unterschreibt sich ein Schweizer, ein Mitglied der „Bernischen neuen Gesellschaft": Don Quixote. Vgl. Bernisches Freytagsblätlein. Bern 1722 I. Teil.

**) Eine zweite Ausgabe der deutschen Übersetzung (Winternächte) erschien zu Nürnberg 1699.

***) Vgl. Bobertag a. a. O. II. 2 Th. S. 142.

†) Bald Gracians staatskluger katholischer Ferdinand, aus dem Spanischen übersetzt von Daniel Caspar von Lohenstein. Jena 1676. Vgl. Gödecke III. S. 270.

— Ticknor: Geschichte der schönen Litteratur in Spanien. Übersetzt von Julius B. II S. 312 spricht von französischen, italienischen, englischen, lateinischen Übersetzungen der Schriften Bald. Gracians und vergißt die Deutschen.

— Lohenstein, welcher das Manirirte Gracians nachzuahmen verstand, ein vorzüglicher Kenner der italienischen Litteratur und ein Gelehrter in manchen Dingen hat jeweilen in den Vorstudien zu seinen Trauerspielen auch die Spanier berücksichtigt. Vor allen den Diego de Saavedra y Faxardo, dessen „Política christiana" er in der Vorstudie zur „Cleopatra" und in der Auffassung des abgeschmackten, unverdaulichen Romans „Arminius" benutzte. Vgl. über die Cleopatra K. Müller: Beiträge zum Leben und Dichten Daniel Kaspers von Lohenstein. Breslau 1882, S. 77.

Diego de Saavedra war ein Liebling der Deutschen des 17. Jahrhunderts. Sein Hauptwerk war schon von Hermann Julius, dem Sohne des Herzogs Julius von Braunschweig, nach dem Lateinischen des Saavedra selbst (Brüssel 1640) ins Deutsche übersetzt: Ein Abriß eines christlichen Politischen Printzens in 100 Sinnbildern zuvor auss dem spanischen und lateinischen nun ins Deutsche versetzt. — In Amsterdam bei Joh. Janssonio dem Jüngeren 1655.

— Auch deutsche Gelehrte im Anfang des 18. Jahrhunderts gedenken oft des Diego de Saavedra. Vgl. E. Kapp, Vorrede zu seiner Übersetzung der „República literaria". Leipz. 1748 S. 8, S. 71 ff. Über den berühmten spanischen Diplomaten u. Schriftsteller. Vgl. Conde de Roche y D José Pio Tejera: Saavedra Fajardo, sus pensamientos sus poesias, sus opúsculos. Murcia 1884.

Politische Träume des Baltasar Gracians in der Verdeutschung von G. Martzi in Frankfurt veröffentlicht.

Dann war Jahrzehnte lang nicht mehr von Spanien und spanischer Litteratur bei den deutschen Schriftstellern die Rede. Das nämliche Schicksal traf auch Italien. Und Frankreich trat im Zeitalter Gottscheds als allein herrschender Souverän an die Spitze jeder litterarischen Bestrebung der Deutschen.

VIII.

Der spanische Erbfolgekrieg hatte neuerdings eine Zeitlang
Deutschland in politische Berührung mit Spanien gebracht. Das Glück
Frankreichs reizte die deutschen Patrioten zum Spott und zur Satire.
Karikaturen folgten auf Karikaturen, Flugschriften auf Flugschriften:

„Das müde Spanien hat lange geschlafen,
Wie aber ändert jetzt das Schicksal seinen Lauf!
Das schwache Reich bekommt von seinem Feinde Waffen,
Und itzo weckt der Hahn den todten Löwen auf.

hiefs es in einer „Vermahnung der Teutschen an die Holländer wider
Frankreich (vom 26. September 1701)*). — Der grofse Leibniz war
in dieser Fehde gegen die Bourbonen der tätigste, der kräftigste von
allen. Er wollte die Deutschen und die Spanier für seine Ideen
gewinnen, er spornte zum Kriege an; bereits 1700 in dem Aufsatze:
„Status Europae incipiente novo Seculo" warf er in donnernden
Worten den Spaniern ihre Nachlässigkeit, ihre Ermattung vor:
„Nunquam Hispanorum phlegma majori bile incaluit. Lenti dum sibi
et Europae consulere debebant et extraneam jamdiu tutelam meriti,
nunc magis alienae injuriae quam suae negligentiae meminerunt".
Sein gewaltiger Geist ruhte nie, er schrieb gegen die Diplomaten
Bernardo de Quiros das Pamphlet: „La Justice encouragée contre
les chicanes et menaces d'un partisan des Bourbons", gegen den
Cardinal Portocarrero verfafste er einen „Dialogue entre un Cardinal
et l'Amirante de Castille, relativement aux droits de Charles III",
in den Mund des Admirals Rioseco legt er patriotische Klagen über die
gesunkene spanische Nation: Was würde ein Gonzales, ein Herzog
Alba und die anderen alten tapferen Spanier sagen? Würden sie uns
als Männer ihres Blutes schätzen, wenn Sie unser Betragen wüfsten?
„Nous estions les dominateurs des nations, et maintenant nous nous

*) Vgl. C. Ringhoffer die Flugschriften-Litteratur zu Beginn des spanischen Erb-
folgekrieges. Leipziger Dissertation, Berlin 1881 S. 89.

6

laissons assujetir tout d'un coup sans résistance par nos anciens ennemis et au lieu d'empêcher le démembrement de quelque province, nous nous démembrons de nous mesmes en perdant l'honneur et la liberté"*).

In litterarischer Hinsicht jedoch blieben Deutschland und Spanien während des Krieges und lange noch nachher einander fremd. Es fand sich damals kein deutscher Alfieri, welcher in einem deutschen „Misogallo" die Bewunderung für Frankreich abkühlte. Das Franzosentum drang unaufhaltsam ins germanische Land ein. Jeder deutsche Schriftsteller erhielt damals eine französische Schulung und warf nebenbei seine Blicke auch über den Kanal hinüber, auf England.

Postel allein machte eine Ausnahme, seine Dichtung aber, seine litterarischen Liebhabereien, seine Vergötterung des Gracian und des Góngora machten ihn zu einem treuen Anhänger Lohensteins und er gehört somit dem 17., nicht dem 18. Jahrhundert an.

Ein gewisser Leonhard Popp erlangte in Nürnberg (1703) den Magisterhut mit einer „Dissertatio de Hispania", einer unbedeutenden, trockenen, geographischen Aufzählung der spanischen Provinzen und deren Städte, welche viel ärmer an Nachrichten ist, als etwa die alten Itinerarien und „Guias de caminos" und doch gratulierte ihm ein Freund, ein Theologe, in lateinischen, schlechten Versen:

Quae tibi vota feram, Poppi, quod munus amoris?
Hispani poscunt grandia verba sito:
Sicque Tuo nitet eloquio nunc Spani grandi.**)

Unweit wichtiger als Popps klägliche Dissertatio sind zwei lateinische Werke, welche im Anfange des 18. Jahrhunderts Ernst Gerhard von Frankenau, Sekretär in Dänemark und Norwegen, in Deutschland drucken liefs. Das erste: „Sacra Themidis Hispanae", ist eine Abhandlung über spanische Juristen und spanische Gesetze, das zweite, von gröfserem Umfange, ist ein Werk über spanische Genealogie: „Bibliotheca Hispanica historico-genealogico Heraldica". Sie erschienen innerhalb von 21 Jahren, das erste 1703 zu Hannover***),

---

*) Vgl. Oeuvres de Leibniz pub. p. Careil B. III S. 345.

**) Einige weitere derartige Dissertationen mögen mir wohl entgangen sein. Ich bitte um Nachsicht bei dem Leser, sie würden ihn doch mehr langweilen als unterrichten.

***) Sacra Themidis Hispanae arcana Jurivm legvmque ortvs, progressvs, varietates et observantia etc. . . . Hannoverae 1703. — Eine neue vermehrte Ausgabe davón besorgte Fr. Cerda y Rico. Madrid 1780.

das zweite 1726 zu Leipzig.*) Sie werden von deutschen Gelehrten jener Zeit (das zweite besonders) verwendet und stets lobend angeführt.

Die Septembernummer der „Acta eruditorum" des Jahres 1731 brachte einen 8 Seiten langen Artikel, betitelt: „Nova literaria ex Hispania" „quae ad nos doctus quidam Vir ex Hispania scripsit", bemerkte ausdrücklich der Redactor der Acta. Dieser Spanier war kein anderer, als Gregorio Mayans y Siscar, den wir heutzutage fast nur als Verfasser der „Orígenes de la lengua española, (Madrid 1737) kennen.**) Es ist blofs eine trockene, unvollständige Rubrik der von 1684 bis 1731 erschienenen spanischen Bücher. Nur dann und wann finden wir einige spärliche Erörterungen zu den Titelangaben, wie bei der Erwähnung des „Diccionario de la lengua castellana" der spanischen Akademie. Mit besonderer Sorgfalt werden die Werke des Rezensenten selbst, eine stattliche Reihe von mittelmäfsigen, meist kleinen Schriften angegeben. Bescheidenheit war bekanntlich keine starke Seite des gelehrten Mayans. Drei Jahre später sorgte Mayans dafür, dafs man in der nämlichen gelehrten Zeitung, dem Journal des Savants der Deutschen, eine sehr ausführliche Rezension seines 1732 in Valencia erschienenen Buches: „Epistolarum libri sex" druckte (Nova acta

---

*) Gerhardi Ernesto de Frankenau Equit. Danie: Bibliotheca Hispanica historico Genealogico-Heraldica, Lipsiae anno 1724. Diese mit musterhaftem Fleifse und mit grofser Gelehrsamkeit geschriebene Genealogische Bibliothek wurde stets von deutschen Gelehrten citiert. Sie beruht aber zum grofsen Teil auf der „Bibliotheca genealogica", des Salazar y Castro, wie Frankenau selbst S. 295 seines Werkes gesteht: „quove nos strenue in hocce opusculo adjutos gratissimeque lubentissimeque agnoscimus".

**) Dafs Mayans wirklich der Verfasser des erwähnten Artikels ist, darf zweifellos behauptet werden. In der Polemik, welche die Redaktoren des „Diario de los literatos de España (IV. Bd.): D. Francisco Manuel de la Huerta y Vega, D. Juan Martinez Salafranca und D. Leopoldo Jerónimo Puig, gegen Mayans führten, werden Anspielungen auf die litterarische Tätigkeit Mayans im Dienste der Deutschen gemacht. Es genügt übrigens folgende Stelle dieser „Nova literaria ex Hispania" nachzulesen, um den Verfasser sofort zu erkennen (S. 439): „Habet praeterea Majantius nonaginta disputationes manuscriptas, aliquando edendans Deo volente. — Mayans Gelehrsamkeit war in der Fremde in hohem Ansehen gehalten. Voltaire hat Mayans bekanntlich um Nachrichten über spanische Litteratur gebeten. Muratori gedenkt immer mit Dankbarkeit seines Freundes aus Valencia. Otto Mencken und andere deutsche Gelehrten korrespondierten mit ihm. — Der Katalog der spanischen Bibliothek Mayans erschien in Deutschland zu Hannover: Specimen Bibliothecae Hispano Mayansianae sive Idea novi Catalogi Critici operum Scriptorum Hispanorum quae habet in sua Bibliotheca Gregorius Maiantius Generosus Valentinus. Ex Museo Davidis Clementis Hannoveriae impensis Joh. Guil. Schmidii 1753.

eruditorum 1734. Septemberheft S. 396—485). Die schmeichelhaften Worte am Schlusse sollten zur Verbreitung des Buches in Deutsch-land dienen. Schon 1733 aber hatte ein Dr. Jenicken, Professor Juris zu Giefsen, einen Nachdruck aus den „Epistolis latinis" erscheinen lassen.

Erst Ende der vierziger Jahre begann wirklich etwas aus Spanien nach Deutschland einzudringen und zwar, wie leicht zu erwarten ist, durch Vermittelung französischer Journale und französischer Über-setzungen. Kein Geringerer als Lessing wagte alsdann für Spanien Propaganda zu machen.

Cervántes' unsterblicher Roman gab indessen auch früher, und bereits schon am Schlusse des vorhergehenden Jahrhunderts, zu einigen unbedeutenden Singspielen zu Hamburg Anlafs.*) Schon 1690 verfafste Heinrich Hinsch eine Oper: „Don Quixote".**) Ein weiterer „Don Quixote" von dem Braunschweiger Joh. Sa-muel Müller, mit Musik von Conti, wurde im Jahre 1722 aufge-führt.***) 1727 ging in Hamburg ein „Sancho" von Koenig über die Bretter.†) Allein die Variationen der Abenteuer des schon sprich-wörtlich gewordenen tollen Idealisten Don Quixote und des einfäl-tigen Realisten Sancho Panza konnten nach Belieben, besonders in Operntexten, erdichtet werden, ohne dafs die Verfasser eine wirkliche Kenntnis des Romans selbst besessen hätten. Um so eher müssen wir uns wundern, dafs Bodmer, ein eifriger Propagandist für das

---

*) Nachträglich (vgl. I. Teil meiner Arbeit) bemerke ich, dafs eine Anspielung auf den Roman des Cervántes in Deutschland, bei Anlafs der Hochzeit Friedrich V. von der Pfalz mit Elisabet, der Tochter Jacobs I. von England, schon von 1613 (also ein De-cennium früher als ich annahm) datiert, wie H. Fischer in der Weimarer Vierteljahr-schrift V. S. 331 betont.

**) Vgl. Goedecke B. III S. 333. — Mit den spanischen Comedias über den „Quijote" von Francisco de Avila, von Guillen de Castro, von Calderon (welche ver-loren gegangen ist), von Valladáres u. s. w. stehen diese deutschen Operntexte, so viel ich weifs, in keinem Zusammenhang. — In E. Dorer: „Cervantes-Literatur in Deutsch-land" (Anhang zu seinen oft nützlichen, aber unkritischen, ungeordneten, jeder Quellen-angaben entbehrenden, sehr unvollkommenen und mit dilettantischer Bequemlichkeit zu-sammengestellten 126 Seiten über „Cervantes und seine Werke nach deutschen Urteilen") Leipzig 1881 ist dieser „Don Quijote" nicht erwähnt. — Vergessen wurde von Dorer ebenfalls der weiter unten erwähnte „Sancho" von Koenig.

***) Goedecke III 337. Ich weifs nicht, ob dieser „Quijote" identisch ist mit dem von Dorer: Cervantes u. s. w. Anhang S. 15 angegebenen: Don Quixote in dem schwarzen Gebürg von 1719 und „Don Quixote in dem Mohren Gebürge" von 1721.

†) Sancio. Oder die Siegende Grofsmuth. In einem Singspiele auf dem Ham-burgischen Schauplatze vorgestellt von Ulrich v. Koenig. Vgl. Goedecke III 347.

Studium fremder Litteraturen, in den „Betrachtungen über die poetischen Gemählde" im Jahre 1741 ein so klares und schönes Urteil
über das unsterbliche Werk aussprach.*) Er lobte darin den „bieg-
samen, scharfsinnigen und verständigen Geist des Verfassers", welcher
so geschickt den Streit zwischen „Weisheit und Thorheit" dargestellt
hatte. Er analysierte bis in alle Einzelheiten die ritterlichen Verrückt-
heiten des Don Quixote; lobte die Wahl eines Charakters wie der
von Sancho, ein glücklicher Gegensatz zu den Schwärmereien seines
Herren. „Die Geschichte," sagt Bodmer, „hatte eine Person nöthig,
welche ein beständiger Gefährte, Zeuge, Zuhörer und Vertrauter von
Don Quixotens Verrichtungen, Reden und geheimsten Gedanken wäre,
damit sie dessen Charakter in den absonderlichsten Dingen vor Augen
legte, der ihm ein gantz historisches Aussehen giebt." Das Er-
findungstalent Cervántes findet Bodmer unnachahmlich. „In seinem
Kopfe mufste er finden, was Don Quijote Wahres, Kluges und
Artiges sagt, und ebensowohl, was er vor scheinbare Sätze und
Schlüsse der Affecte und der Phantasie vorbringt, seine Einbildungen
zu verfechten, und mit der Wahrheit, die ihm vorgestellt ward, zu
reimen." Schade, dafs Bodmer den Verstand des Spaniers zu hoch
anschlug und über seine Kunst zu schnell hinwegeilte. Er fand
auch im „Don Quixote" eine symbolische Person, „welche erfunden
worden, um eine besondere und merkwürdige Eigenschaft in dem
Charakter der spanischen Nation vor den Augen aller Welt zu spielen"
und dachte gewifs zu ernst von der konventionellen Liebe der
Spanier. Er glaubte, dafs alle Spanier zur Zeit Cervántes in eine
Dulcinea närrisch verliebt gewesen seien. Der „Don Quixote", und
zwar auch nicht in der Ursprache, sondern in irgend einer mittelmäfsigen
französischen Übersetzung, war das einzige Buch aus der spanischen
Litteratur, welches Bodmer kannte. Als er im Jahre 1746 die „Dis-
course der Mahlern" in dem „Mahler der Sitten" umarbeitete, fügte
er dem Verzeichnis der den Frauen empfohlenen Romane, neben dem
Robinson, der Pamela, dem Thelemach, auch den Don Quijote hinzu.**) Um die fünfziger Jahre bedauerte Bodmer recht sehr, Spanisch
nicht lesen zu können. 1752 war Konrad Zellweger, ein Neffe des
berühmten schweizerischen Arztes Laurenz Zellweger, zu Leyden

---

*) J. J. Bodmer: Critische Betrachtungen über die poetischen Gemählde der
Dichter. Zürich 1741. XVIII. Abschnitt: Von dem Character des Don Quixote und
des Sancho Pansa. S. 518—547.

**) J. J. Bodmer: „Der Mahler der Sitten". Zürich 1746. II. B. Verzeichnis einer
Frauenbibliothek. S. 282.

gestorben. Seine spanischen Bücher: „Obras de Quevedo" 6 Vol., „Obras de Gracian", 2 Vol., „Novelas exemplares des Cervantes" 2 Vol., „Sucesos y prodigios de amor" des Montalvan, die „Varios eloquentes libros recogidos en uno" (Valencia 1714) wurden mit anderen, wie wir aus einem ungedruckten Briefe eines Wilhelm Kinkee vernehmen, dem Onkel Zellweger legiert. Bodmer, der vom kostbaren Legat in Kenntnis gesetzt wurde, und einen schönen Kasten, um die besten Bücher aufzubewahren, vorbereitet hatte, schreibt 1752 an seinem Freund Zellweger: „Beliebt es Ihnen, so könnten Sie den Cervantes, den Montalvan, die varios eloquentes libros mit meinen in diesen Kasten legen und in die Bücher schreiben, dafs sie von Ihnen dahin legirt worden. Ich sage aber dies ohne einigen Eifer, dafs ich meinen Einfall ins Werk gesetzet wissen möchte. Hätte ich 30 Jahre weniger, so wollte ich spanisch lernen, nur das ich Don Quixote, in seiner Sprache lesen könnte, nicht, dafs ich nicht in diesem Alter, das ich habe, diese Sprache mit vieler Leichtigkeit zu begreifen dächte, sondern weil ich ohne dies ganz schöne Werke zu lesen vor mir habe."*)

Seltsamerweise gab es noch bis zu Bertuchs Zeiten keine deutsche Übersetzung des Quijote, welche wörtlich auf dem spanischen Original beruhte. Denn die Übersetzung des „Secretärs Wolf" in den ersten drei Bänden des „Angenehmen Passetemp" (Frankfurt-Leipzig 1734—35), sowie der verdeutschte „Quijote", welcher gleichzeitig zu Leipzig 1734 erschien und 1753—1767 zwei weitere Ausgaben erlebte, waren nur mittelmäfsige Übertragungen aus dem Französischen.**) Im Jahre 1746 erschien zu Deutsch ein „Persilus und Sigismunda, Nördische Historia u. s. w.", den ich leider nur aus Dorers Angabe: Cervantes (Anhang S. 14) kenne.

So gering der Einflufs Cervántes im Verhältnis zu dem der Franzosen und Engländer in Deutschland vor der Mitte des 18. Jahrhunderts war, so wirkte er doch nach und nach umgestaltend auf die erzählende Litteratur ein. Ramler entlehnte schon um die Mitte der 40er Jahre etwas von dem Humor des grofsen Spaniers, um seine

---

*) Ungedruckte Briefe von J. J. Bodmer in Zellwegers Briefwechsel. — Zellweger'sche Familienbibliothek in Trogen, mitgeteilt von meinem Freund Dr. Hans Bodmer.

**) In der Vorrede zum „Quijote" Leipz. 1734 wird ausdrücklich bemerkt: „Bei gegenwärtiger Uebersetzung ist man der Franzözischen des M. Arnauld gefolget." — Der Auszug aus dem Quijote im „Neuen Büchersaal", Bd. IV S. 295 (Leipzig 1745—54) Gottscheds bezieht sich noch auf die 22 Kapitel der Übersetzung von Pabsch Bastel von der Sohle.

Satiren oder „praktische Predigten“, wie sie Gervinus nennt (B. IV
S. 87), zu beleben.*) Als der Stern Richardsons erblafste, da leuch-
tete der des Spaniers mit ungewöhnlichem Glanze, und Cervántes
übte auf die Deutschen einen fast ebenso grofsen, gewifs aber einen
viel wohltuenderen Einflufs aus, wie später zur Zeit der Romantiker,
Calderon.

Von der Mayansschen Kritik wurde vermutlich Johann Erhard
Kapp, Professor der Beredsamkeit an der Leipziger Universität zum
Studium der spanischen Sprache und der spanischen Litteratur angeregt. Leider geben nur die Übersetzungen der „República literaria“
(ein goldenes Buch nannte es Mayans y Siscar) und des posthumen Dia-
loges: Las locuras de Europa, des den Deutschen so sympathischen
Diego de Saavedra y Faxardo, und die gelehrte Vorrede dazu einen
Beweis von Kapps seltenen Kenntnissen**). Das Wenige aber zeigt
den klaren Verstand und die Vielseitigkeit des Leipziger Professors
deutlich genug. Er war Polyhistor, dem Bildungsideale der damaligen
gelehrten Leipziger getreu, doch kein kalter und stumpfsinniger Pe-
dant. Er war ein Mann der Wissenschaft und der Kritik und obgleich
sein Name dunkel ist, so ist er doch in gewisser Beziehung ein Vorläufer des klarsten und schärfsten deutschen Geistes, ein Vorläufer
Lessings. In der italienischen Litteratur war aber Kapp bewanderter
als in der spanischen. In seiner Vorrede zur „gelehrten Republik“
handelt er hauptsächlich von den Übersetzungen der Werke Saavedras
und vom Verdienste des spanischen Schriftstellers Nicolas Antonio.
Schottus, Frankenau, und mit diesen Historiker wie Prudencio de
Sandovál, Francisco de Cáscales, die Zeitschrift „Diario de los literatos de España“ werden zu Rate gezogen. Er besserte Angaben
von Nicolas Antonio (S. 58), gab eine Art gelehrten Kommentars als
Anhang zur Übersetzung, besprach auch Maler wie Navarrete, Velas-

---

*) Ramlers sämtliche Satiren erschienen 1740 bis 1750. Man lese eine der be-
kanntesten: Anton Panfsa von Mancha, Abhandlung von Sprichwörtern, wie solche zu
verstehen und zu gebrauchen sind. Vgl. W. Rabener Satiren, II. u. letzter Teil. Leipzig
1759. S. 5—388.
**) Die gelehrte Republik u. s. w. nebst Don Gregorii Mayans Lobrede auf die
wohlgeschriebenen Werke des Saavedra u. s. w., mit einer Vorrede und einigen Anmerkungen — Herrn Joh. Erhard Kappens Professoris zu Leipzig. Leipzig 1748. (Die
Lobrede Mayans trägt den Titel: Oracion en alabanza de las obras á Don Diego
Saavedra Faxardo — erschien zuerst in Valencia 1725, dann in Madrid 1739). — Von
Kapp ist auch die Übersetzung von Saavedra: „Die Thorheiten von Europa in einem
Gespräche etc. aus einer spanischen ungedruckten Handschrift“, auch mit einer Vorrede
versehen (erschien zugleich mit der gelehrten Republik 1748).

quez, freilich den Nachrichten von D. Antonio Palomino y Velasco:
„Vida de los Pintores y estatuarios eminentes españoles" (London 1742)
folgend, er erörterte die Frage, ob Petrarca dem Ausias March poetische Gedanken abgeborgt hätte, wie man behauptete, und erklärte
den chronologischen Unsinn den viele begangen. Von Ausias March
gab Kapp eine kurze Kritik (S. 250) seiner „Cántica de amor." „Cántica de muerte" „Cántica spiritual." Er besafs selbst eine Ausgabe
des Dichters (er giebt sie S. 250 an: Las obras del famosisimo
filosofo y poeta Mossen Asias Marco Anno 1539*).

Dafs Erhard Kapp einen Einflufs auf den jungen Lessing, der
am 20. September 1746 an der Leipziger Universität unter seinem
Rektorate inskribirte**), ausgeübt und ihm die erste Ahnung von den
Schätzen, welche die spanische Litteratur barg, beigebracht hat, kann
vermutet werden***).

Bis unmittelbar vor Lessings Reform beherrschten bedenkliche
Zustände die deutsche Schaubühne. Man kannte und verwertete nur
das französische Theater, nicht aber das spanische. Der grofse
Lessing empfand diese Lücke. Er war der erste grofse Dichter in
seinem Vaterlande, welcher zum Studium der spanischen Litteratur
anspornte†).

In Lessing nehmen alle bedeutenden litterarischen Strömungen
Deutschlands in der zweiten Hälfte des 18. Jahrhunderts ihren Anfang.
Ihn leitete der Trieb zum Unbekannten schon in seiner Jugend zu den
spanischen Schriftstellern hin. Er kam, wie alle seine Vorgänger, aus
der Schule Frankreichs und wufste schon vieles von der Litteratur
der Engländer, als ihm noch im Anfange seiner gelehrten Laufbahn

---

*) Andere bekanntere Ausgaben der Werke Ausias March erschienen 1543 — 1545
— 1555 u. s. w. — Über den Dichter vgl. den VI. B. v. J. Amador de los Rios: „Historia
crítica de la literatura Española" und Joaquin Rubió y Ors Monographie: Ausias
March y su época, Valencia 1879.

**) Vgl. Gotthold Ephraim Lessing: Sein Leben und seine Werke. Von Th.
W. Danzel u. G. E. Guhrauer (II. Auflage herausg. v. W. von Maltzahn u. R. Boxberger
I. B. Berlin 1880 S. 47.

***) Von einem Einflufs Kapps auf Lessing ist freilich bei den Biographen Lessings
nicht die Rede. — Lessing war in Leipzig ein sehr unregelmäfsiger Kollegienbesucher.
Anfangs zogen ihn die Naturwissenschaften und die Medizin an, dann die Philologie, besonders Ernestis Vorlesungen. Kapp hielt 1746 unter anderen auch: Vorlesungen über
den neuesten Zustand der Litteratur in Europa. (Vgl. Danzel, Lessing S. 52).

†) Über Lessing kann ich mich kurz fassen nach der gründlichen Schrift von
B. A. Wagner: Zu Lessings spanischen Studien. Beilage zum Programm des Sophien-
Realgymnasiums Berlin 1883.

die Werke Nicolas Antonios, Riccobonis*) und Du Perron de Castera**) begegneten. Er nahm sich vor, den Deutschen das Genie der Spanier zu verkündigen, und ehe er noch irgend ein spanisches Werk im Original gelesen, wies er in der Ende 1749 redigierten Vorrede zu den „Beiträgen zur Historie und Aufnahme des Theaters" nachdrücklich auf die spanischen Dramatiker hin. Er gab einstweilen nur Namen und erwähnte nacheinander den Lopez de Vega***), Agustin Moreto, Antonio de Mendoza, Francisco de Rojas, Fernando de Zarate, Juan Perez de Montalvan, Antonio de Azevedo, Francisco Gonzales de Bustos†). Er vergafs hier nur die Tirso de Molina, Alarcon und Calderon. Diese hätten die nicht gar bedeutenden Antonio de Azevedo und Gonzales de Bustos wohl ersetzt††). Lessing meinte es ernst mit dem Vorsatze „sein Augenmerk auch auf das spanische Theater zu richten" und studierte deshalb eifrig Spanisch. Wie weit er es darin gebracht hat, zeigt der im August des gleichen Jahres der „Beiträge" (1750) gefafste kühne Plan, Calderons: „La vida es sueño" für die deutsche Bühne zu bearbeiten. Er war durch eine von seinem Freunde Mylius verfafste Rezension der 1750 zu Strafsburg erschienenen und nach dem Italienischen angefertigten Übersetzung: „Das Leben als ein Traum" auf Calderon aufmerksam gemacht worden†††). Leider ging Lessings Verdeutschung nicht weiter als bis zur Über-

---

*) Riccoboni: Reflèxions historiques et critiques sur les différents Théâtres de l'Europe, Paris 1738.

**) Du Perron de Castera: Extraits de plusieurs pièces du Théâtre Espagnol avec des refléxions, Paris 1738 (3 bändig.)

***) Die falsche Schreibung ist unzweifelhaft aus Frankreich hinübergenommen und blieb noch lange nach Lessing üblich. Vgl. eine Note (14) bei Morel-Fatio: La Comédie espagnole du XVII siècle. Leçon d'ouverture, Paris 1885 S. 34.

†) In der Hempelschen Lessing-Ausgabe B. XI T. I S. 6. — Mit Recht sagt Erich Schmidt (Lessing, Berlin 1884 B. I S. 156) „Lessing schüttle hier in den „Beiträgen" eine Menge brittischer und spanischer Dichternamen aus dem Ärmel, die ihm gröfstenteils doch nur Namen waren."

††) Antonio de Acevedo war ein Portugiese. Im Catálogo bibliográfico y biográfico del teatro antiguo Español des Barrera y Leirado (Madrid 1860) ist von ihm, (im Suplemento al índice de autores S. 511) nur die Komödie über die Worte aus dem Evangelium: „Venite post me, faciam vos piscatores hominum" registriert. Wie kam denn Lessing auf diesen so unbekannten Schriftsteller zu sprechen? Die „Comedias" des D. Francisco Gonzalez de Bustos bei „Barrera" Catálogo S. 177.

†††) Die Übersetzung trug den Titel: Das Leben als ein Traum in einem Schauspiel vorgestellt, aus dem Italienischen übersetzt und mit poetischer Feder entworfen. Strafsburg 1750. Vgl. Dorer: Die Calderon-Litteratur S. 21, Wagner a. a. O. S. 5. f.

schrift des Stückes und die Angabe über die Kleidung Rosauras*). Wären die „Beiträge" nicht so früh eingestellt worden, so hätten wir in Lessing den ersten wahren Übersetzer des grofsen Spaniers. Dafs das letztere nicht der Fall wurde ist um so mehr zu bedauern, als Lessing und Calderon, obgleich sie in Vielem einen ausgesprochenen dichterischen Gegensatz zeigten, doch in Manchem verwandte Naturen waren. Beiden ist die Tiefe der menschlichen Anschauung und das Titanische, das Dämonische gemein. Und Lessing fühlte es. Er brauchte etwas Symbolisches und Phantasmagorisches für die Lösung seines Faust. Calderon kam ihm zu Hilfe und regte ihn durch sein Auto „La vida es sueño" und sein später von Goethe und Shelley hoch-gewürdigtes Stück: „El Mágico prodigioso"**) mächtig an.

Das Drama der Spanier beschäftigte ihn besonders im Jahre 1751, als ihm der analytische Artikel über Don Agustin Montiano y Lu-yandos: „Discurso sobre las tragedias Españolas" im „Journal des Savants" zu Gesichte kam. Nach diesem, und ohne Montianos Ab-handlung selbst gelesen zu haben, schrieb Lessing eine Rezension davon in den „Critischen Nachrichten aus dem Reiche der Gelehr-samkeit auf das Jahr 1751"***). Die „Virginia" des Spaniers hat Lessing erst 3 Jahre später kennen gelernt.

Unterdessen und schon um 1750 lag ihm die spanische Erzählungs-litteratur am Herzen†). Er zeigte sich schon früh für den „Don Quijote" begeistert. Er wollte, wie man aus einem Briefe an den Vater vernimmt, die „Novelas ejemplares" übersetzen und erteilte im Februar 1751 in den „Critischen Nachrichten" einem italienischen Pfuscher, welcher nach einer französischen Vorlage die schönen No-

*) Das Leben ist ein Traum „Ein Schauspiel aus dem Spanischen des Don Pedro Calderon Barca übersetzt". „Rosaura kommt von der Höhe eines Berges herab, sie ist als eine Mannsperson verkleidet im Reisehabit und sagt folgendes —" Hier bricht Lessing ab. Vgl. Boxberger: Lessings Dramatische Entwürfe und Pläne, Berlin 1876 S. 569. Lessings sämmtliche Schriften von Lachmann-Muncker, III, 303.

**) Vgl. E. Schmidt: „Zur Vorgeschichte des Goetheschen Faust" im Goethe Jahrb. B. II S. 85. Kuno Fischer: Lessing B. I S. 172 — E. Schmidt, Lessing B. I S. 373 f. Sauer in seinem Aufsatze: Das Phantom in Lessings Faust, in der Weimarer Vierteljahrschr. B. I S. 13 ff. meint dafs Calderons Stück: „En esta vida todo es verdad y todo es mentira" Lessing beeinflufst habe. Seine Auseinandersetzung hat mich nicht überzeugen können.

***) Wagner a. a. O. S. 8 teilt uns diese Rezension mit.

†) Einiges aus der Lyrik der Spanier scheint Lessing schon in seinen früheren Universitätssemestern gekannt zu haben. Aus der Zeit seiner anakreontischen Dichtung mag das „Liedchen aus dem Spanischen" stammen, welches in den „Musenalmanach für 1780" eingerückt wurde. Vgl. Lessings Werke, Lachmann-Muncker, Bd. III S. 124.

vellen des Cervántes in einer schlechten Übersetzung mifshandelt hatte, tüchtige Hiebe (Wagner S. 14)*). Er zeigte am 21. August 1751 eine Übersetzung von Antonio de Guevaras „Das vergnügte Land- und beschwerliche Hofleben" an und hob die Neigung der Spanier zur Deklamation hervor (Lessings Schriften, Lachmann-Muncker B. IV S. 347 f.). Er war mit den Artikeln über die spanischen Schriftsteller im Jöcherschen Gelehrtenlexicon (Leipzig 1751), die angeblich aus Nicolas Antonios „Bibliotheca" geschöpft waren, nicht zufrieden und wollte sie selbst umformen und ergänzen. Nachdem er um jene Zeit in den „Kritischen Nachrichten" einige unkritische Bemerkungen über Mateo Aleman scharf rezensiert hatte und von ihrem Verfasser sagte, er habe „wenigstens so viel Schnitzer als Zeilen" begangen**), schrieb er selbst das Leben Alemans für die in Wittenberg (1752) unternommene Kritik des Jöcherschen Lexikons. Er drang mit seinem klaren, tiefsinnigen deutschen Geiste in alle Geheimnisse fremder Litteratur ein und fühlte eine solche Kraft des Übersetzens in sich, dafs er wohl seiner Feder Flügel gewünscht hätte, um alle seine Pläne zur Ausführung zu bringen***).

Durch das Studium Bayles wurde Lessing auf das Buch Huartes „Examen de ingenios para las ciencias" aufmerksam gemacht. Er kannte eine lateinische Übersetzung davon, diejenige von Joachim Cäsar Äschäus (1612)†) und da er meinte, dafs ein besseres Verständnis des Werkes Huartes zu weiteren physiologischen Untersuchungen aufmuntern würde, verdeutschte er es im Jahre 1752. Gleichzeitig promovierte er in Wittenberg als Magister mit einer lateinischen Arbeit über Huarte.††) Dafs sich ein Exemplar dieser „Prüfung der Köpfe" auch in Lavaters Bibliothek befand, soll uns nicht wundern, Lavater hatte dem Spanier wiederholt Lob gespendet. Manche Spitz-

---

*) Ein Jahr darauf erschienen zu Leipzig die „Satyrischen und lehrreichen Erzählungen des Cervantes", von einem Conradi, aber auch nicht nach dem spanischen Original übersetzt.

**) Vgl. R. A. Wagner, Lessing-Forschungen nebst Nachträgen aus Lessings Werken. Berlin 1881, S. 140.

***) Wie weit die Schaffenslust bei Lessing ging, beweist die humorvolle Äufserung im Briefe an Gleim vom Juli 1758, sein kleinster Vorsatz sei jetzt „wenigstens noch dreimal so viel Schauspiele zu machen als Lope de Vega". Lessing-Hempel B. XX, I. Abt., Briefe von Lessing S. 168.

†) Vgl. Vorrede zu Lessings Übersetzung des Huarte: Prüfung der Köpfe zu den Wissenschaften, Zerbst 1752.

††) Einige Materialien zu diesem lateinischen Aufsatze über Juan Huarte in Lessing-Hempel B. XIX, S. 567 ff. Vgl. auch Danzel und Guhrauer. Lessing B. I, S. 311 ff.

findigkeiten und Extravaganzen seiner „Physiognomik" sind auf Huartes Buch zurückzuführen.*)

Lessing scheute auch das trockene spanische Gelehrtentum nicht. Noch im Jahre 1752 dachte er an eine Übersetzung des von Morhof und Postel auch erwähnten Werkes Aldretes „Varias antigüedades de España, Afrika y otras provincias". Da kein Verleger ihn unterstützen wollte, so tröstete er sich mit der Übersetzung von Marigny: Geschichte der Araber und lieferte eine Vorrede dazu (Danzel und Guhrauer: Lessing B. I, S. 313).

Als später im Jahre 1754 Vaquette d'Hermilly mit dem bekannten „Discurso" des Montiano y Luyando**) auch einen Auszug seiner „Virginia" in französischer Übersetzung veröffentlichte,***) erwachte in Lessing das Interesse für das spanische Drama wieder. Er schrieb seinerseits mit Hülfe von d'Hermillys Übersetzung den bekannten Auszug der Tragödie für die theatralische Bibliothek (Lessing-Hempel B. XI, St. I, S. 251—300) und erteilte dem Spanier ein gar zu grofses Lob. Wenn Lessing aber den Montiano y Luyando als den „gröfsten tragischen Dichter, den jetzt Spanien aufweisen und ihn seinen Nachbarn entgegenstellen kann" bezeichnet, so scheint das kaum als eine Übertreibung, wenn man den bedenklichen Zustand der spanischen Bühne zu jener Zeit sich vergegenwärtigt.†) Wie ein Drama nach den unfehlbaren Regeln der französischen Klassiker geschrieben werden

---

*) Vor Lessing und auch nach ihm war in Deutschland das Werk Huartes sehr verbreitet. Das Buch des Spaniers Huarte „De scrutinio ingeniorum" hatte viele bewaffnet, sagt Gervinus III, S. 540. — Dafs Huarte als Vorgänger Lavaters gelten kann, meint auch Gervinus V, 291. — Über die zahlreichen Ausgaben des „Examen de ingenios" und dessen zahlreiche lateinische, französische und italienische Übersetzungen vgl. Ticknor III. Supplementband von Wolf, S. 185. Über die Bedeutung Huartes als Gelehrter vgl. J. M. Guardia: Ensayos sobre la obra de Huarte: Thèse pour le doctorat. Paris 1855.

**) Montiano hat zwei „Discursos" über die spanische Tragödie verfafst. — Hier ist immer nur von dem ersten die Rede. Die zweite Rede ist eigentlich nur ein Deklamationstraktat, meist nach Riccoboni verfafst: Discurso II sobre las Tragedias Españolas de Don Agustin de Montiano y Luyando, entre los Arcades de Roma Leghinto Dulichio. Madrid 1753. Am Ende desselben ist die Tragödie „Athaulpho" gedruckt.

***) D'Hermillys Verdienste für die Verbreitung der spanischen Litteratur im gelehrten Frankreich bestehen nicht nur in seiner Ausgabe der „Oeuvres choisies de Quevedo", in der Übersetzung des Ferrera: Histoire générale d'Espagne (Lessing auch bekannt) deutsch Halle 1754—1772 übersetzt, sondern auch in der Übersetzung des „Teatro critico", des von den Litterarhistorikern immer noch nicht gewürdigten Fray Benito Feyjoo.

†) Über Montiano, vgl. D. Cándido Maria Trigueros: Elogio histórico de Don Agustin Montiano, im II. B. der „Memorias de la Academia Sevillana de Buenas Letras 1843".

sollte, wufsten glücklicherweise die alten spanischen Dramatiker nicht. Zur Zeit Montianos herrschten die ästhetischen Ideen der Nachfolger Luzáns, der Blas Nasarre, der Velázquez. Man trat die alte, originelle nationale Schule mit den Füfsen. Man wollte weder von Lope noch von Alarcon, noch von Calderon hören. Man fand alles Gold was aus Frankreich kam.*) Kein wirkliches Talent vermochte die spanische Bühne zu beleben. Nicolas Fernandez de Moratin und Ramon de la Cruz (der erste freilich noch im Sinne der afrancesados) traten erst zwanzig Jahre später auf, nachdem Montiano seine „Virginia" und seinen „Ataulfo" geschrieben hatte. Dafs Lessing in der „Hamburger Dramaturgie" (68. Stück) eine scharfe Kritik über die „Virginia" schrieb, ist Jedem bekannt. Die Hauptsache für uns ist, dafs der Stoff der „Virginia" Lessing schon 1751 beschäftigte und dafs er ihn nach und nach bis zur „Emilia Galotti" umgestaltete.**)

Auch Cronegk erhob einige Jahre später seine Stimme für die Schätzung des spanischen Dramas. Er war in mehreren Sprachen bewandert, verstand auch das Spanische***) und liebte es, neben seinen bevorzugten Italienern und Engländern, auch die Spanier jeweilen zu Rate zu ziehen.†) Einiges aus der spanischen Lyrik war ihm bekannt. Im II. Bande seiner gesammelten Schriften finden wir die Übersetzungen aus zwei Gedichten des Cristobal de Castillejo: „Das Glück und Amor" und „Lyda" (Frhr. J. F. von Cronegks Schriften, Leipzig 1760—61, B. II, S. 343 f.). Gewifs sind in seinen „Einsamkeiten" (B. II, S. 3 ff.) manche Anklänge an Góngoras „Soledades" zu treffen. Cronegk war ein Formtalent, kein Schöpfer, er brauchte mit

---

*) Im 4. B. des „Diario de los literatos de España" ist aber eine ziemlich scharfe Kritik der „Poética" Luzáns und eine Verteidigung der alten Nationalbühne zu finden.

**) Vgl. was darüber Wagner a. a. O. S. 9 f. bemerkt und Röthe: Zu Lessings dramatischen Fragmenten. Weimarer Vierteljahrssch. B. II S. 319. — In der Schrift: Lessings „Minna von Barnhelm" und Cervantes „Don Quijote", Berlin 1883, versuchte C. Th. Michaelis den Einflufs einiger Kapitel des „Don Quijote" auf das erste wahrhaft deutsche Schauspiel nachzuweisen. Es sind spitzfindige Konjekturen, die mich nicht zu überzeugen vermögen. — J. Minor in Zeitsch. f. deut. Phil. B. XIX S. 239 wies eine Übereinstimmung von Lessings „Philotas" mit Calderons „El principe constante" nach. Dagegen Röthe in Weimarer Vierteljahrssch. B. II S. 329, der den „Principe constante" als Vorbild für Lessings Entwurf „Fenix" angiebt.

***) Vgl. Henriette Feuerbach, Uz und Cronegk, Leipzig 1866, S. 90 und J. Minor: Lessings Jugendfreunde in Kürschners Nationallitteratur B. 72. S. 126.

†) Er schätzte die Spanier sehr hoch und bedauerte, dafs ihre Schriften so unbekannt waren. Vgl. Vorrede zu Cronegks Schriften B. I.

Absicht schwierige Reimformen, dichtete auch in vierfüfsigen, unge-
reimten Trochäen, ganz nach spanischen Mustern. Herder sagt von
ihm, dafs er aus Spanien die Blume herholte, die in seinen besten
Gedichten so melancholisch süfs duftet.*)

Noch vertrauter als mit der Lyrik war Cronegk mit dem Theater
der Spanier. Er besafs oder verwendete wenigstens eine Ausgabe
der „Comedias" des Lope de Vega Lissabon 1612; was damals
in Deutschland eine grofse Seltenheit war. In seiner kleinen Abhandlung: „Über die abgebrochenen Reden in Schauspielen" berief
er sich auf eine Scene von Lopes „Benavides" und auf eine andere
von Calderons „La vanda y la flor"**). Dafs die Franzosen sich
den dramatischen Schatz der Spanier früh zu eigen gemacht hatten,
erfuhr Cronegk bald und beneidete sie darum. Er wollte seine Landsleute zu einer ähnlichen Nachahmung und Verwendung anspornen und
schrieb zu dem Zweck, vermutlich nur wenige Jahre vor seinem Tode
seinen „Aufsatz über die spanische Bühne"***).

„Ich weifs nicht", sagt er in der Einleitung, „warum die Bewunderer der französischen und italienischen Dichter nicht die Quelle
zu erforschen suchen, aus welcher diese so vieles geschöpft, und diejenigen Schriftsteller ganz vergessen, die nebst den Alten, die einzigen
Lehrmeister eines Corneille und Molière und so vieler anderen grofsen
Geister waren" (B. I, S. 389). Die Entlehnungen der Franzosen sind
Cronegk ziemlich gut bekannt, er erwähnt die hauptsächlichsten davon
und giebt den spanischen Originalen immer den Vorzug. Wenn
Cronegk das Drama „La verdad sospechosa", welches Corneille, Steele
und Goldoni als Vorbild diente, dem Lope de Vega und nicht dem
Juan Ruiz Alarcon zuschreibt, so ist er leicht zu entschuldigen, denn
das Stück ist oft, besonders unter den „Colecciones de varios"
unter dem Namen Lope gedruckt.†) Er will in vielen Einzelheiten

---

*) Vgl. Herders Werke, Berlin, Hempel, V. Teil in der Vorrede zu den „Stimmen
der Völker in Liedern" S. 17.

**) Cronegks Schriften B. I S. 397—400. — La vanda y la flor wurde dann von
A. W. Schlegel im Jahre 1803 als 3. Stück zu seinen „Calderon-Dramen" übersetzt.

***) Cronegk starb in der Sylvesternacht 1757—58. Ein Jahr darauf wurde sein
Aufsatz gedruckt. Er ist unzweifelhaft jünger als die ersten Äufserungen Lessings über
die spanische Litteratur. In der Einleitung ist bereits von der „Virginia" und vom
„Ataulfo" Montianos die Rede.

†) Bekanntlich haben andere Stücke Alarcons das nämliche Schicksal erfahren.
So z. B. sein „Ganar amigos" und „Exámen de Maridos, ó antes que te cases mira lo
que haces". Noch in den „Blättern für litterarische Unterhaltung vom Jahre 1848" wird
„La Verdad sospechosa" dem Lope zugeschrieben. Vgl. den schönen Aufsatz über

einen Beweis für seine Kenntnisse erbringen. Er schliefst mit dem Wunsche, Deutschland möge dem Beispiel der Franzosen nachfolgen: „Meine Absicht ist blofs, die Deutschen aufzumuntern, aus eben diesen Quellen zu schöpfen. Sie müssen aber nicht von dem jungen Corneille sich dahin verführen lassen, dafs sie ihre Stücke blofs mit Verwirrung anfüllen, ohne an die Ausführung der Charaktere zu denken. Sie werden in der spanischen Bühne viele Anlagen von vortrefflichen Stücken finden, und ich bin fast überzeugt, dafs sich zum Beispiel aus dem Stücke „El mejor amigo el Rey" des Agustin Moreto, aus Lope de Vega „Ventura de la fea", aus seinen „Villano en su rincon" und verschiedenen anderen Stücken, sowohl von ihm als von andern spanischen Schriftstellern sehr schöne Lustspiele machen lassen" (B. I, S. 392).

Schade nur, dafs Cronegk, welcher schon mit seinem „Codrus" und der Dramatisierung der schönen Episode Tassos „Olint und Sophronia" Ruhm erworben, diese Umarbeitungen nicht selbst unternommen hat. Er starb jung und nahm seine Pläne mit ins Grab.

Fast zu gleicher Zeit, als Lessing und Cronegk in Deutschland auf die spanischen Dramatiker hinwiesen, drang das spanische Theater auch in Dänemark ein. Holberg der eigentliche Begründer der dänischen Bühne sprach in den „Vermischten Briefen" (Leipzig 1749—52) anerkennend von Calderon und schöpfte für seine Dramen auch aus Lope de Vega, aus Cervantes, aus Tirso de Molina.*)

IX.

An eine Reise nach Spanien zu litterarischen Zwecken, dachten die Deutschen um die Mitte des 18. Jahrhunderts noch nicht. Italien, das Erbland der hellenischen Kunst und der hellenischen Harmonie genügte, um die Sehnsucht der Dichter und der Altertumsforscher zu befriedigen. Der Wunsch, sich nach antiken Mustern zu bilden, an der Quelle der klassischen Formen in Stil und Gedanken zu schöpfen, hatte bald die kalte Verstandesästhetik, die aus Frankreich nach Deutschland herüberflofs, über den Haufen geworfen. Man wählte Italien als Befreiungsland, und nach Italien zogen Winkelmann und Lessing,

---

Alarcon in F. Wolfs Studien, Berlin 1859 S. 635. — In Hennigs kläglicher Dissertation: Studien zu Lope de Vega Carpio. Göttingen 1891. S. 79, 80 wird ebenfalls (mirabile dictu) Alarcons „Verdad sospechosa" als ein Werk Lopes angeführt.

*) Vgl. E. Dorer, Ludwig Holberg und das spanische Theater im „Magazin für Litteratur des In- und Auslandes". Juli 1886 No. 5.

.

Herder und Goethe. Erst in einer Periode von fast entgegengesetzter litterarischer Gährung, in der Blütezeit der Romantiker, als Rittertum und religiöse Schwärmerei, und Farben und Töne aus allen Zeiten und aus allen Nationen ein notwendiger Bedarf für die Kunst und die Litteratur erschien, da regte sich die Sehnsucht der Deutschen auch nach Spanien. Einstweilen blieb Spanien in der Meinung der Deutschen immer noch das Land des Lazarillo, die unbefruchtete Heimat des tollen Don Quijote, ein armes Land, dafs der Kultur, des Handels und der Industrie bedurfte. Viele Deutsche überschritten noch um diese Zeit die Pyrenäen, allein nur um Fabrik- und Gewerbstätten zu gründen, gelegentlich auch, um in spanische Kriegsdienste zu treten, um ein besseres Einkommen zu suchen, kurz um der Prosa des Lebens willen.

Um die 50er Jahre folgte der Baier Thürriegel einer Einladung des spanischen Ministers Olavide nach Spanien. Er sollte mit einer Schar Deutscher ein verödetes Stück Land an der Sierra Morena bevölkern und befruchten. Eine förmliche deutsche Kolonie mit deutschen Städtchen und Dörfern gedieh in Spanien. Bereits 1769 waren mehr als 7000 deutsche Haushaltungen in der Umgebung von Carolina zu finden.*) Die Geschichte dieser Ansiedelungen weiter zu verfolgen liegt nicht im Rahmen dieser Arbeit; die Deutschen hispanisierten sich nach und nach. Im Anfang des folgenden Jahrhunderts war wenig Germanisches mehr unter ihnen zu finden.

Längst dienten Deutsche unter den spanischen Fahnen. Besonders unter der Regierung Karls III. fanden sich in spanischem Dienste deutsche Offiziere und einfache Soldaten, Männer vom hohen Adel und vom niedrigsten Stande. Eine schöne Karriere machte damals der Fürst Emmanuel von Salm Salm, der nach der Heirat seiner

---

*) Der Baron von Gleichen, der 1759 und 1760 als Gesandter in Madrid verweilte, spricht in seinen „Denkwürdigkeiten" anerkennend von dieser Kolonie: „L'établissement de cette colonie allemande transforma les deserts infectés de voleurs de la Sierra Morena en une route garnie de champs cultivés et d'auberges commodes. Cette entreprise fut faite par le Marquis Olavides, homme sans moeurs et sans religion, (sic!) mais plein de génie et de zèle pour polir sa nation et lui être utile. Vgl. Denkwürdigkeiten des Barons Carl Heinrich von Gleichen. Leipzig 1847 S. 35. — Über das Schicksal der Kolonie: W. Stricker: Die Deutschen in Spanien S. 45 ff. Don Antonio Ferrer del Rio: Historia del reynado de Cárlos III. en España, Madrid 1856, t. III, lib. IV und J. A. de Lavalle: Don Pablo de Olavide. Lima 1885 (2. Ausg.) S. 62 ff. — Ein spezielles Kapitel: Thürriegel und Sierra Morena giebt der Verfasser von: Spanien wie es gegenwärtig ist... Bemerkungen eines Deutschen während seines Aufenthaltes in Madrid in den Jahren 1790—1791 — Gotha 1797 B. II S. 156 ff. Diese 2 Bde. müssen von einem Kaufholz oder Kaufhold herrühren, wie mir Morel-Fatio gütig mitteilt.

Schwester Maria Anna von Salm Salm mit Don Pedro d'Alcantara von Toledo (1758) nach Spanien kam und während 14 Jahren das Glück und Unglück der Waffen im Auslande teilte.*) Es gab sogenannte Schweizerregimenter (und es gediehen deren lange noch in Spanien), die aber gröſstenteils aus Deutschen bestanden. Wirkliche Schweizer rekrutierte man in Spanien meist nach einem nicht ganz ehrenvollen Handel. Und die Schweizer brachten ihre heimischen Sitten nach Spanien mit, vor allem dursteten sie nicht gerne, sie tranken mäſsig und unmäſsig, fröhlich und tapfer, so tapfer, daſs ein deutscher Reisender in den 90er Jahren von ihnen berichtete: „Sie sind so stolz auf ihren Saufruhm, daſs sie spottweise sagen, ein Schweizer sei im Stande, eine ganze Kompagnie Spanier wegzusaufen."**)

Im Oktober 1761 landete zu Alicante Raphael Mengs. Er sollte in Spanien am Hofe Karls III. einige der bedeutendsten Jahre seines Lebens zubringen. Er trug den Titel eines Hofmalers Seiner Majestät. Er brachte nach Madrid seine Kunst, eine klassische, reflektierte, aber kalte, lebensarme Kunst, welche im Vaterlande von Zurbarán, Alonso Cano und Velasquéz fremdartig genug erscheinen sollte. Der originelle Goya lebte noch, und doch wurden die Bilder und die Fresken Mengs überaus bewundert, so tief war damals in Spanien der Sinn für die echte und groſse Nationalkunst gesunken. Der deutsche Hofmaler am Madrider Hofe wurde als ein Halbgott verehrt, sein Ruhm nahm mit dem Wachsen seiner Produktionen zu. Er war ein dogmatisches Talent, er predigte laut seine Vorliebe zu Raphael und Correggio und machte in Spanien selbst Schule; aus ihr sind Maella und Bayeus hervorgegangen. Man hat von Mengs förmlich Traktate über Kunst und Ästhetik. Das Spanische hatte Mengs bald erlernt, und er bediente sich oft dieser Sprache in seinen Schriften, nicht immer zu seinem Vorteil wie man weiſs. Er schrieb ein unkorrektes, schwer verständliches Spanisch. So ist Mengs Brief über die bedeutendsten Bilder im „Palacio Real de Madrid" (1776) ursprünglich spanisch geschrieben. Er war an Antonio Pons gerichtet, welcher ihn für seinen „Viaje en España" benutzte und wurde alsdann ins Italienische (1777), ins Deutsche (1778 von Prange) übersetzt. Auſser dem erwähnten Briefe findet man in Mengs Werken, was Spanien betrifft, einen „Ragionamento su l'Accademia delle belle arti

---

*) Vgl. Morel-Fatio. Études sur l'Espagne II. Serie: Grands d'Espagne et petits princes allemands au XVIII siècle, d'après la correspondance inédite du comte Fernan Nuñez avec le prince Emmanuel de Salm Salm et la Duchesse de Bézar, Paris 1890.

**) Spanien wie es gegenwärtig ist. B. I S. 183.

7

di Madrid"*) und einen „Frammento di discorso sopra i mezzi per far fiorire le belle arti in Ispagna."**)

Reiseeindrücke aus Spanien hat Mengs nicht geschrieben, und meines Wissens kein Deutscher bis gegen Ende des Jahrhunderts,***) keine Reiseerinnerungen, keine Eindrücke wenigstens, die aus selbst gemachten Reisen und selbst gemachten Beobachtungen hervorgehen und welche dem Litterarhistoriker irgend ein Interesse bieten könnten. Freilich enthält die 1767 erschienene Fortsetzung der Gerstenberg'schen „Briefe über Merkwürdigkeiten der Litteratur" eine Beschreibung von Spanien, nach einer fingierten Korrespondenz aus Madrid und ganz im Sinne der Romantiker verfafst.†) Allein diese ideelle Reise diente Gerstenberg nur als Vorwand, den Lesern seinen unübertrefflichen Cervántes vorzuführen. Wie konnte das Land eines solchen Dichters anders als phantastisch, bezaubernd sein? „Spanien hat eine sonderbare Verschiedenheit romantischer Gegenden, und die Fehler selbst, die dem Anbau und der Bevölkerung so nachtheilig sind, verschaffen der Phantasie ein viel freyeres Feld, als die besten Einrichtungen irgend eines andern Reichs in Europa." Die Reise durch Toledo, Segovia und die Mancha ist in Gerstenbergs Studierzimmer ausgeführt worden nach dem „Don Quijote" und etwa noch nach einem Bande von Mariana: „Historia de España". Zwar sagt Mariana „En gran parte de

---

*) Ich benutzte nur die italienische Ausgabe der Werke Mengs, welche d'Azara ein italianisierter Spanier herausgab: Opere di Antonio Raffaello Mengs primo pittore della Maestà del re Cattolico Carlo III. Bassano 1783 B. II S. 105 ff. — Bekanntlich wurden die Schriften Mengs zugleich in italienischer, kastilianischer und französischer Sprache gedruckt. Um 1786 erschien zu Halle die deutsche Ausgabe: „Des Ritters Anton Raphael Mengs hinterlassene Werke" herg. v. M. C. L. Prange.

**) B. I S. 227 ff. Leider bricht das Fragment gerade am interessantesten Punkt, wo Mengs von der italienischen und spanischen Kunst zu sprechen anfängt, ab. Folgendes sagt Mengs über die Anlagen der Spanier zur Kunst: S. 229. „Sebbene la Nazione Spagnuola non sia così propria come la Grecia per promuovere le Arti, ha però le qualità necessarie più di qualunque altra per far maggior progresso in quelle, semprechè si correggano gl'inconvenienti dei costumi che si oppongono alla buona disposizione del fisico."

***) Nachträglich gebe ich den Titel zweier Reisebeschreibungen an, welche ich im I. Teil dieser Arbeit vergafs, und deren Inhalt mir noch völlig unbekannt ist: 1) Hieron. Welsch: Reisebeschreibung durch Deutschland, Italien, Sicilien, Sardinien, Corsica, die Inseln des Mittelländischen Meers, Barbarey, Egypten, Arabien, und gelobten Lande, wie auch Spanien, Frankreich und die Niederlande (1648) Berlin 1658. 2) Von Roden: Denkwürdige Reisen Johann Limbergs durch Deutschland, Italien, Spanien, Portugal, England, Frankreich und Schweitz, Leipzig 1690.

†) Briefe über Merkwürdigkeiten der Litteratur, III. Sammlung in B. Seufferts Neudrucken, Stuttgart 1890 S. 258 f.

Espanna se vén lugares, y montes pelados, secos y sin fruto, pennas-
cosos, escabrosos y riscos" und Gerstenberg zitiert selbst diese Stelle,
welche jeden Realisten entmutigen sollte, allein ihm genügte das, um
sich das blühendste und poetischste Land von der Welt vorzustellen.
S. 258. „Es war mir, nach meiner Abreise von London, kein geringes
Vergnügen, aufser Toledo, Segovia, Cadix, Corduba, Sevilla, Tarra-
gona etc., auch die glückseligen Örter zu besehen, welche einst die
Scene so vieler unsterblichen Abenteuer waren, und bis auf den
heutigen Tag durch die ausnehmenden Thaten berühmt sind, die der
Held von Mancha zum Besten der Königinnen und Fräuleins, und
zum Verderben der Zauberer und Riesen seiner Zeit daselbst ausge-
führt hat: das durch die Ritterbufse in der Manier des Beltenebros,
und durch die Ankunft der Prinzessin von Micomicon unvergefsliche
Gebirge, Sierra Morena; die volkreiche Seestadt, Barcellona, den
Sitz der Abenteuer, und vornehmlich des unglücklichen mit dem
Cavallero de blanca Luna; den angenehmen Flecken Toboso, den
Geburtsort des schönsten und keuschesten Fräuleins, dessen die Land-
schaft Mancha sich jemals hat rühmen können; der vielen Ebnen,
Höhlen, Berge und Wälder zu geschweigen, die ich alle mit be-
wunderndem Staunen mehr als Einmal betrachtete, und die meine
Collectaneen mit verschiedenen Cancioni (vermutlich von der Hand
des Helden selbst, da sie denen, die sich auf Sierra Morena fanden,
vollkommen ähnlich sind), Sonnetten und Denksprüchen bereichert
haben, wovon Sie die Abschriften sowohl im Caxon de Sastre,*) als
in der Geschichte vergebens suchen würden".**)

---

*) Der „Caxón de sastre" ist die erste Anthologie spanischer Dichter im
XVIII. Jahrhundert. Von 1760 an verbreitete nämlich der originelle, unsolide Francisco
Mariano Nipho (el pestilente, el famélico Nipho nannte man ihn, Böhl de Faber schätzte
ihn doch sehr hoch), eine merkwürdige Sammlung unedierter und seltener Schriften unter
dem Titel: „Caxón de sastre literato, ó percha de maulero erudito, con muchos retales
buenos, mejores y medianos, útiles, graciosos y honestos, para evitar las funestas con-
seqüencias del ocio"; 1781 wurde sie in 6 Bänden gesammelt und noch einmal veröffentlicht (Caxon de sastre ... nuevamente corregido y aumentado per D. Francisco Mariano
Nipho. En Madrid 1781). — Der Name Caxón de sastre machte mich anfangs stutzig. Wie hat
denn die in Spanien selbst seltene Sammlung ihren Weg nach Deutschland gefunden? Ich vermute,
dafs Nipho unter den Deutschen wie unter den Franzosen und Engländern Korrespondenten
zählte. Er war encyklopedisch, wenn auch oberflächlich gebildet, er verstand die Schriften
des Auslands zu seinem grofsen Nutzen zu plündern, er redigierte Zeitungen über alles
mögliche, so einen „Correo general histórico, literario y económico de la Europa",
einen „Pensador Christiano", „El Novelero de los Estrados y Tertulias, El erudito
Investigador", „El Diario universal de las bagatelas", „El bufon de la Corte", „El
Correo general de España" u. s. w. Merkwürdig ist, dafs Nipho in der „Estafeta

Noch bevor der Bischof Percy durch seine 1765 in London ver-
öffentlichten: „Reliques of ancient English Poetry" ganz Europa und
Deutschland insbesondere mit dem Reiz des Einfachen und Natürlichen
förmlich berauschte und zum Studium der vernachlässigten alten Volks-

de Londres" eine fingierte Korrespondenz annahm, wie später Gerstenberg in den
„Schleswigschen Litteraturbriefen". Noch merkwürdiger, dafs Nipho im „Diario
extranjero" (vom Jahre 1763), wo er so vernünftig Partei für die alten Dramatiker
nimmt einige „Comedias" Calderons analysiert und dem Dichter im Gegensatz zu seinen französisch geschulten Zeitgenossen grofses Lob spendete (nunca mas glorioso que cuando mas
impugnado, pero invencido nannte er ihn) und dafs Gerstenberg drei Jahre darauf
den Calderon auf ein grofses Postament setzt und ihn unmäfsig preist. — Dafs der
„Diario extranjero" des gehafsten Nipho den ersten Anstofs zum deutschen Calderon-
kultus gab ist meines Erachtens möglich, sehr leicht möglich. — Wie aber Gerstenberg
zu den seltsamen Werken des Spaniers gelangte, ist mir immer noch unerklärlich.

**) Bis unmittelbar vor dem Schlufs des Jahrhunderts gaben nur fremde, meist
französische und englische Werke, unseren Deutschen Nachrichten von Spanien. Einige
Übersetzungen aus denselben mögen hier in chronologischer Reihenfolge aufgezeichnet werden.

— 1756 Hamann-Dangeuil: Anmerkungen über die Vorteile und Nachteile von
Frankreich, Grofsbritannien . . . . nebst einem Auszuge eines Werkes über die Wieder-
herstellung der Manufakturen und des Handels in Spanien. (In Joh. Georg Hamanns
Schriften herausg. von J. Roth. Berlin 1821—43 nicht enthalten. Dangeuil: Übersetzung
des Ulloa trägt den Titel: Retablissement des Manufactures et du commerce d'Espagne.)

— 1758—61 verdeutschte C. J. Tröltsch den 8 bändigen illustrierten „Voyage en Espagne
et en Italie" (Paris 1736 — Amsterdam 1731) des französischen Missionars Jean Baptiste
Labat. — (Die deutsche Übersetzung erschien zu Frankfurt ebenfalls in 8 Bänden.)

— 1765 erschienen aus dem Englischen von Clarke die Briefe vom gegenwärtigen
Zustand des Königreichs Spaniens.

— 1765 in den bekannten geographischen Sammelwerken von Büsching: M. Carl
Christopher Plüers, Predigers bey der königlich dänischen Gesandschaft zu Madrid kurze
Beschreibung seiner Reise von Bayonne bis Madrid (1757) Leipzig 1765.

— 1766 übersetzte ein Dr. Alexander Bernhard Kölpin aus dem Schwedischen die
Reise des Botanikers Loefling, eines Schülers und Freundes Linnés: Reise nach den
spanischen Ländern in Europa und Amerika in den Jahren 1751 bis 1756. Beobachtungen
und Anmerkungen über die merkwürdigen Gewächse (Berlin-Stralsund 1766).

— 1771 erschien zu Leipzig die deutsche Übersetzung der Reisen Barettis:
Reisen von London nach Genua durch Portugal, Spanien und Frankreich.

— 1773 ebenfalls zu Leipzig erschien die Verdeutschung von De Livoy: „Voyage d'Espagne fait en l'année 1755", selbst die Übersetzung der 2 ersten Teile der „Lettere di un vago
Italiano ad un suo amico", des Mailänders Norberto Caimo. — Caimos Reise, die oft geistreich
ist und mit mehr Schärfe als Pedanterie geschrieben ist, veranlafste Antonio de la Puente
seinen Viaje de España herauszugeben. Zur Verteidigung des Italieners, den man billig
als Verläumder und Beschimpfer der Spanier taxierte, möge hier eine Stelle aus der Vorrede des
Werkes des de la Puente, die sich auf Caimo bezieht, angeführt werden: „acaso este Es-
critor entre los Estrangeros, que han viajado por España, es el que mejor nos trata".

— 1775 gab Dieze zu Göttingen die Übersetzung des 1 Bandes des Viaje des
Antonio de la Puente heraus. (Vgl. S. 312.)

litteratur anspornte, hatte der Franzose Moncrif auf den Schatz des Volksliedes aufmerksam gemacht.*) Moncrifs Romanzen bewogen Gleim, dessen erster Dichtung die sanfte Hagedornische Lyrik den Weg bahnte, auch in diesem Sinne sein Glück zu versuchen. Schon seit dem Jahre 1743 scheint Gleim den Góngora zu kennen,**) den Cordovaner, welcher mit Lope, Quevedo, Timoneda, Sepulveda und anderen viele der besten Kunstromanzen dichtete und seinen schlechten Ruf als Verderber des guten litterarischen Geschmacks in Spanien, als schwülstiger und blasierter Dichter durch die Pflege dieser einfachen poetischen Gattung rettete.***)

Gleims Spaziergang ins schöne Gebiet der spanischen Romanzen war von keinem grofsen Erfolge begleitet. Er verstand es nicht, auf die poetische Quelle im Volksgemüt zurückzukehren †). Er war nicht wie Herder von der Glut südlicher Poesie beseelt. Aber er wollte seine Zeitgenossen mit etwas Neuem überraschen und führte zuerst die Gattung der Romanze in die deutsche Litteratur ein. In den „Romanzen und romantischen Liedern“ (die 3 ersten Romanzen Gleims erschienen im Jahre 1756) hat Gleim einige spärliche Übersetzungen aus dem Góngora mit eingerückt.††) Er „liefs das niedrig populäre Element ganz entschieden vorwalten, indem Gleims Ironie schon aller Grazie entkleidet ist“, urteilt Ebert (s. Vierteljahrschrift S. 92). Mit diesem Versuch kehrte Gleim Spanien den Rücken und war so klug, das frühere Bänkelsängertum zu verlassen, um einen männlichen, patriotischen Ton in den „Grenadierliedern“ anzuschlagen.†††)

---

*) Dafs diese neue frische Poesie in Frankreich grofse Anerkennung fand, beweisen die Worte von Melchior Grimm bei Gelegenheit des Todes Moncrifs. Der Kritiker der Correspondance littéraire schätzte von Moncrifs Dichtungen nur die Romanzen: „Si Moncrif n'avait jamais fait que ses chansons et ses romances il eût été le premier dans son genre . . . Mais il a fait plusieurs autres ouvrages qui ont nui à sa réputation“. Vgl. Correspondance littéraire ed. M. Tourneux t. IX S. 169.

**) Vgl. die Romanze: „Der gute Tag“ in W. Körtes Ausgabe der Werke Gleims, B. III S. 170 ff.

***) Vgl. E. Churton: Góngora, an historical and critical essay. London 1862 (2 Vol.)

†) Er tat es aber in späterer Zeit und bahnte den Weg zu Herders „Volksliedern“.

††) In Gleims Werken, Bd. III, sind drei Romanzen aus dem Spanischen des Góngora enthalten S. 163 ff. — Sie waren zuerst in der Sammlung, welche Gleim 1777 herausgab, erschienen. Vgl. Holzhausen: Zeitschr. f. deutsche Philol. 15. B. S. 148.

†††) Gleim galt zu seiner Zeit als ein grofser Kenner der Volkslitteratur. An ihn wandte sich Herder Ende der 70er Jahre, um Nachrichten über spanische Romanzen zu erhalten. (Vgl. S. 123).

Zehn Jahre, nachdem Gleim seine ersten Romanzen nach Moncrif veröffentlicht hatte, versuchte auch Jacobi, den Deutschen einige spanische Romanzen vorzuführen (vgl. S. 307), aber auch er wurde von dem fremden poetischen Hauche nicht tief berührt, auch er griff nur zu den Kunstprodukten des Góngora, und ließ die reine Volkspoesie unberücksichtigt.

Es ist leicht einzusehen, welche Wohltat es für die deutsche Litteratur gewesen wäre, wenn Tiecks poetische Übersetzung des „Quijote" 50 Jahre vor ihrem wirklichen Erscheinen das deutsche Publikum überrascht hätte. Die weinerliche Sentimentalität, welche die englischen Romane eines Richardson, eines Steele und eines Smollet und der verwandten französischen des Marivaux und Prevôt in die Mode gebracht hatten, wären früher einem gesunderen Idealismus gewichen. So verstümmelt auch das Hauptwerk Cervántes damals in Deutschland umging, so vermochte es doch mehrere Anhänger für sich zu gewinnen. Es wurde sozusagen eine Säule, auf welche sich die Gegner Richardsons stützten.*) Musäus unternahm 1760 seine Angriffe mit Don Quichottischer Waffe. Allein sein „Grandison der Zweite" war verfehlt und sein größtes Verdienst bestehet darin, daß er mit seiner Satire Achtung errang und einigen Lärm verursachte.**)

---

*) Vgl. J. Minor: Die Anfänge des „Wilhelm Meister" im Goethe-Jahrbuch Bd. IX. S. 173.

**) Trotz der Bewunderung, welche nach und nach der „Quijote" in Deutschland erregte, war Cervántes noch in den 50er und noch in den 60er Jahren von einzelnen Gelehrten in ihren Nachschlagebüchern als ein ganz gewöhnlicher Licentiat oder Sekretär aus Spanien behandelt. Jöcher in seinem „Allgemeinen gelehrten Lexikon" (1. Teil A—C. Leipzig 1750) schreibt seinen Artikel über Cervántes, den „Mélanges" des Ant. Vigneul Marville, nach: „Cervantes, ein Spanier von Sevilien oder Erqvivias (noch im Jahre 1677 glaubte der berühmte Historiker und Chronist Diego Ortiz de Zuñiga, daß Cervántes aus Sevilla stammte), lebte im Anfange des 17. Seculi . . . war einer von denen, welche die Spanier licentiados nennen . . . . . und starb gar elend, indem er verhungerte". — Nicht viel besser klingt der Artikel über „Don Quixote", den Gottsched (10 Jahre nach Jöcher) für sein Handlexikon oder kurzgefaßtes Wörterbuch der schönen Wissenschaften, Leipzig 1760, erhielt. Das „Handlexikon" war für die Jugend, nicht für Gelehrte bestimmt, betonte Gottsched selbst in der Vorrede, und so mögen manche Irrtümer und Auslassungen entschuldigt werden. Die sehr mangelhaften Artikel über spanische Schriftsteller im „Handlexikon" sind meist mit S unterschrieben. Meiner Ansicht nach rühren sie von Franz von Scheyb, dem Verfasser der Theresiade her, einem Bewunderer und Freund Gottscheds. In einer Art Autobiographie, welche Scheyb am 16. Dez. 1750 in Briefform Gottsched übersendet, sagt er, er lerne zu Wien Französisch, Italienisch und Spanisch. (Vgl. Danzel: Gottsched und seine Zeit. Leipzig 1848. S. 298). Sonderbar ist es, daß im Handlexikon Dichter wie Solorzano, Callecerada

„Wie lange werden doch noch die deutschen Schriftsteller nach fremden Ländern betteln gehen?" fragte der Rezensent von Wielands „Agathon" in der „Bibliothek der schönen Wissenschaften und freien Künste" vom Jahre 1767 (B. I S. 11). Das Wort „betteln" paßte wenig für Wieland. Was hätte Wieland von seinen deutschen Vorgängern entlehnen können? Er wandte seine Blicke nach Spanien, bevor er im „Agathon" das Griechentum verklärte. Er hatte seit 1749 in Erfurt unter seinem Lehrer und Verwandten Baumer ganz privatim „den ersten Grund zur Kenntnis der Menschen und seiner selbst" gelegt, (Gruber: Wielands Leben, Leipzig 1815 B. I S. 12) und es war der „Quijote" weit mehr als die Metaphysik Wolfs, welcher ihm die Welt von ihrer realen und idealen Seite offenbarte. Der Quijote begleitete Wieland auf seiner schriftstellerischen Laufbahn weiter. Er wurde für ihn, wie die Lebensbeschreibungen Plutarchs ein gesundes Gegengewicht gegen die subtilen Schwärmereien seiner Jugend, ein gutes „Specificum gegen Seelenfieber" wie er an seinen Freund Zimmermann Ende 1758 von Zürich aus schreibt.*) Er hätte ihn mehr nützen sollen. Wielands „Don Sylvio von Rosalva" vom Jahre 1764 ist nach der Art des Cervántes zugeschnitten. Die Schwärmereien und der Einbildungsblödsinn werden wie im „Quixote" lächerlich gemacht, allein die Nachahmung des Spaniers war zu sklavisch und entfärbt. Hinter dem „Don Sylvio" ragt der „Quijote" wie ein Riese empor.**)

Die Erkennung von Cervántes Bedeutung brach sich, ungeachtet der Kritik einiger wenigen Stubengelehrten, in Deutschland immer mehr Bahn. Seit der Mitte des Jahrhunderts gehörte Cervántes ebensogut den Deutschen wie den Spaniern. Im 22. der 1767 erschienenen „Schleswigschen Litteraturbriefe" Gerstenbergs wird, nach der uns schon bekannten fingierten Korrespondenz aus Madrid, das Meisterwerk des Cervántes als „eine der wenigen klassischen Kompositionen unter den neuern, die dem Geschmacke, der Urbanität und der Weis-

---

behandelt werden, und kein Wort von Calderon und anderen Grofsen gesagt wird. Im Artikel über die Komödie werden die Spanier gänzlich vergessen: „In neuen Zeiten (nach den Lateinern und Griechen) haben sich die Deutschen, Italiener, Franzosen und Engländer so zu reden um die Wette um Komödien hervorgetan".

*) C. M. Wielands Ausgewählte Briefe, Zürich 1815, B. I S. 319.

**) Auf Wielands „Don Sylvio von Rosalva" ist im 22. der Gerstenbergschen „Briefe über Merkwürdigkeiten der Litteratur" (S. 259 f.) eine Anspielung gemacht, die recht die Minderheit Wielands gegenüber Cervántes erklärt. — Über die deutschen sehr unbedeutenden Nachahmungen des „Quijote" vor und nach dem Don Sylvio vgl. Dorer: Cervantes u. s. w. Anhang 21 f., S. 14 und S. 30 der Nachträge.

heit des feinsten Atheniensers Ehre machen würde" gepriesen. Direkt aus dem spanischen Original hatte Gerstenberg seinen Enthusiasmus für den „Don Quijote" geschöpft. Er kannte Spanisch*) und sagte es auch laut aus: „Da ich . . . . der spanischen Sprache nicht unkundig bin, ohne mich jedoch rühmen zu können, gerade auf die witzigern Werke in derselben gefallen sey" u. s. w. (23. Brief S. 261). Blofs um den Quijote zu lesen, unterrichtete sich Gerstenberg im Spanischen. (Bei Bodmer blieb das, wie wir wissen, ein frommer Wunsch.) Er dachte ernsthaft an eine würdige Übersetzung des Quijote, kam aber nie dazu und liefs dem fleifsigen, genauen aber prosaischen Bertuch die Erfüllung seines Wunsches übrig. Er liefs im 20. Briefe dem Bibliothekar von Belvedere eine Büchermusterung ganz im Sinne derjenigen des Pfarrers und Barbiers im „Don Quijote" vollziehen.**) Er berichtet im 24. Brief wie eine dem Shakespeare zugeschriebene Bearbeitung der Novelle Cardenio vor deren Lekture angenehm überraschte. Ein „Wettstreit zwischen Shakespeare und Cervántes! Ein so vortrefflicher Stoff! . . . die Situationen so reich und glänzend! die ganze Fabel eine so glückliche Erfindung!" — Die englische Bearbeitung war leider eine klägliche und unverschämte Fälschung. Das Lustspiel „Double Falsehood" war das Werk eines Theobald. Und nun giefst Gerstenberg über den impertinenten Engländer seine Entrüstung aus. Theobald, sagte er, verdient „die oberste Stelle in der Dunciade". Mehr Freude machte unserem Verehrer des Cervántes die Lektüre von Durfeys „The comicle history of Don Quixote", allein wie war auch hier der gute Sancho behandelt! — Keiner, auch der Arragonier „Avellaneida" nicht, der aus dem ehrlichen Sancho einen „Schnackischen Bauer" machte, sagt Gerstenberg, hat den wahren Charakter des Sancho verstanden, dieses Sancho den die „Natur gegen alle äufseren Unfälle . . . so abgehärtet hatte, dafs es ihm eben so unmöglich war, einen Einfall, der in seinem Kopf kam, von der Zunge zurückzuhalten, als es seinem Herrn schwer fiel, diese Einfälle nicht mit Prügeln zu erwiedern", dieser Sancho, der trotz seiner zusammengezogenen Gedankensphäre „mit so vieler Überlegung, Scharfsinnigkeit und Urtheilskraft raisonnirte, dafs die Spötter auf der Insel Barataria nicht mehr wufsten, wer unter ihnen der Narr sey." Einem

---

*) In dem Nachlasse Gerstenbergs sind auch spanische Sprachübungen zu finden, Vgl. Al. v. Weilen: Einleitung zur III. Sammlung der Gerstenbergschen Briefe S LIV.

**) „mit grofser Lebhaftigkeit" „warf er alle seine Bücher auseinander", „einige zur Rechten, andre zur Linken, und zwey oder drey — zu meinem grofsen Gelächter, da ich eben in die Thüre trat, — gerade durchs Fenster in den Enten-Teich".

so natürlichen, einfachen, spontanen Menschen wie Sancho, meint Gerstenberg, könne man nur einen Einzigen an die Seite stellen: — „Meister Sterne, den Verfasser des Tristram Shandy, der gerade so schreibt, wie jener spricht." „Wenn die Gedanken bey allen Schriftstellern oder Gesellschaftern so lofs säfsen; welch ein Schatz für die Weltkenner!"

Noch im Jahr 1765, vor dem Erscheinen der Gerstenbergschen Briefe, hatte ein A. G. K. von Göttingen, der mit Abraham Gotthelf Kästner zu identifizieren ist, im „Hannoverischen Magazin" einen ziemlich bitteren und derben Angriff auf Don Gregorio Mayans y Siscar einrücken lassen, weil dieser, in der „Vida de Cervántes", welche seiner Londoner Ausgabe des Quijote (1738) voransteht, dem Cervántes, seiner Meinung nach, grofses Unrecht angetan hatte. Er wünschte für den grofsen Spanier unter Anderm, dafs er ein Deutscher gewesen sein möchte, um einen besseren Lohn von der Nachwelt zu erlangen.*)

X.

Vor 1766 ist selten bei den deutschen Schriftstellern mit Ausnahme von Lessing und Cronegk etwas über Spanien und dessen Litteratur zu finden. Das 104. Stück im II. Jahrgange der „Hannoverischen Anzeigen" (1764) brachte zwar einen Artikel: „Von dem Zustande der Gelehrsamkeit in Spanien" es ist leider eine sehr unbedeutende Leistung und überdies nur die Übersetzung eines englischen Artikels des „Universal Magazine" vom Jahre 1763 (Juli). Man betonte darin hauptsächlich, dafs die spanischen Gelehrten von der

---

*) Hannoverisches Magazin, III. Jahrg. 1765 (Hannover 1766), 61. Stück, betitelt: „Über die Zeit, in welche Don Quijote gehört" S. 962 ff. Der Aufsatz ist kein Muster des Stils und der Höflichkeit: „Armer Cervántes", sagt Kästner, „du hast mich in meiner ersten Jugend und in der alten Deutschen Kleidung, unter der ich dich zuerst kennen lernte, so oft zu lachen gemacht" . . . S. 966 wird die Pedanterie Mayans lächerlich gemacht: „Nein, Don Mayans, Sie machen einen ärgern Antichristen als alle Antichristen sind, die sie in Cervántes tadeln". — Dieser Aufsatz ist auch in der ersten Sammlung von Kästner: „Vorlesungen in der Königlichen deutschen Gesellschaft zu Göttingen gehalten, Altona 1768 S. 55 ff., enthalten. — Kästner kannte jedenfalls das Leben Cervántes von Mayans y Siscar vor der Londoner Ausgabe nicht, wohl aber die französische Übersetzung davon, die bald darauf in Amsterdam erschien. — Dorer: Cervántes u. s. w. kannte den Artikel von Kästner nicht, und citirt ein Lob des Quijote von ihm (S. 16) späteren Datums und die Übersetzung eines kleinen Gedichtes des Cervántes (S. 30 des bibliograph. Anhangs).

Censur und von der Inquisition in ihrem Schaffen beständig gehindert
worden waren. Aus Lope de Vega Carpio machte man zwei Dichter:
Lopez de Vega und Carpio*).

Woher Philipp Ernst Bertram seine chaotischen Angaben über
einige spanische Dichter in seinem zu Halle 1764 erschienenen und
unvollendet gebliebenen „Entwurf einer Geschichte der Gelahrtheit-
schöpfte ist mir nicht bekannt. Er legte viel Gewicht auf die Urteile
des „grofsen Mayansius" (I. Teil 6. Kapitel § 16. S. 351) und glaubte,
dafs wenn man den Franzosen nicht immer in allen ihren Aussprüchen
nachgefolgt wäre, man eher „ihre gelehrte Räubereyen so sie in Absicht der spanischen Dichter begangen haben, eingesehen, und nicht
alle ihre Einfälle und Gedanken ihrem eigenen Witz und Erfindungskraft zugeschrieben hätte". Auf die Frage, ob die spanische Dichtung
„schon ihr güldenes Alter, wie die italiänische, französische erlebt
habe" antwortet Bertram verneinend, denn obgleich es Spanien „weder
an Staatsmännern und Helden, noch in vielen Theilen der Gelehrsamkeit an grofsen, erhabenen, sinnreichen und scharfsinnigen Genies ge-
mangelt hat", so ist doch „die sehr geringe Vollkommenheit der
Sprache (sic) und der Mangel einer genauen Bestimmung derselben
wohl ein Beweis, dafs die Dichtkunst bey ihnen (nämlich bei den
Spaniern) noch nicht den höchsten möglichen Grad erreicht hat"
(S. 350). — Eine Blüte der Dichtung in Spanien vermutet der deutsche
Gelehrte zur Zeit der maurischen Herrschaft und meint, diesmal richtig,
dafs „in den spanischen Klöstern und alten Bibliotheken wohl manches
poetische Überbleibsel vorhanden seyn kann, das den Ratten und
Motten zur Nahrung dienet". — Sonst scheint Bertram nicht einmal
die Elemente der spanischen Litteraturgeschichte besessen zu haben.
Er erwähnt den Alfonso de Ledesma, den Bernardo de Balbuena und

---

*) Hannoverische Anzeigen vom Jahre 1764. S. 1647 ff. Als Opfer der religiösen
Unduldsamkeit werden Cervántes, Mariana und der Padre Isla genannt. Die Mönche in
Spanien werden mit Ausnahme von Florez, Burriel, Feyjoo als ungelehrt taxiert. (Ich bessere
die Orthographie der Namen, die gar bedenklich ist). Der Kardinal Ximenez erhält ein
Lob für seine „Complutensische Bibel". Einige Schriftsteller werden in folgender Ord-
nung genannt: Cervántes, Covarrubias, Faxardo, Zurita, Cabrera, Sandoval, Mariana,
Antonio Perez, Garcilaso de la Vega, Lope de Vega, Antonio de Guevara, Calderon,
Antonio de Solis, Herrera, ferner Antonio Augustin de Villalpando, L. Ramirez del Prado.
— Aus dem Versprechen S. 1653 man „wolle noch eine allgemeine Anmerkung über
den Zustand, worin sich die Gottesgelahrtheit, die Historie, die Naturlehre und die Dichtkunst in diesem Lande befindet, machen, und in jeder derselben die vornehmsten Schrift-
steller anführen" wurde so zu sagen Nichts. Nur vorübergehend und oberflächlich werden
(S. 1656) die Theologie und die Jurisprudenz berücksichtigt.

vergifst gänzlich den Cervántes. Er stellt den Novellendichter Salas
Barbadillo auf die gleiche Stufe wie „Lopez de Vega, dem Antonio
Hurtado de Mendoza mit seinen wenigen Lustspielen sich gleich setzt"
(S. 352). Dem Calderon, dem „glücklichen Nacheiferer des Lopez"
gesellt er den Grafen Bernardin de Rebolledo und Don Francisco
de Borja bei.*)

Wenn der Tod nicht schon im Jahre 1768 Johann Nicolaus Meinhard noch in rüstigem Alter dahin gerafft hätte, so würde Deutschland früher einen Bertuch .besessen haben. Von aller Beschäftigung
Meinhards mit der spanischen Litteratur gelangte wenig mehr als seine
Pläne auf die Nachwelt. Er hatte aufser Deutschland, Frankreich und
Italien 1755 auch Spanien bereist**). Er war in mehreren Sprachen
bewandert und trug sich mit dem Gedanken, die gröfsten Meister-
werke der fremden Litteraturen deutsch zu bearbeiten. Möglich ist,
dafs Meinhard, als er seine zweibändigen „Versuche über den Charakter
und die Werke der besten italienischen Dichter", in Braunschweig 1763
veröffentlichte, und das Interesse für Dante, Petrarca, Pulci, Ariosto, Tasso
und andere grofse Italiener in hohem Mafse anregte, auch etwas Ähnliches
für Spanien‘ zu tun gedachte. Sein Biograph, der Ästhetiker Riedel
sagt von ihm: „Einmal war er auch gesonnen, über die spanische
und portugiesische Poesie zu schreiben" — „Meinhard warf seine
Arbeit wieder weg" (S. 58). Die spanische Romanzendichtung hatte
Meinhard eine Zeitlang beschäftigt. Im Mai 1762 schickte er an Gleim
die Oden Filicaias und den Ricciardetto des Fortiguerra zum Dank
für einige (echt) alte spanische Romanzen, welche ihm der Dichter der
Grenadierlieder mitteilte***). Er fügte seinem Briefe mit den Prosaübersetzungen von zwei kurzen Romanzen Góngoras: „Der Galeeren-
sklave", „Glück und Unglück"†) auch die Romanze in Versen „Reinald

---

*) S. 353—356 werden wie bei den schon besprochenen Italienern, Franzosen
und Engländern die Titel der Werke der Spanier meist ungenau angegeben. — Im I. Abschnitt § 19 des Entwurfes wird unter den gelehrten Tagebüchern auch der „Diario de
los literatos de España" erwähnt.

**) F. J. Riedel: Denkmal des Herrn Johann Nicolaus Meinhard. Jena 1768, S. 19.

***) Im „Deutschen Museum 1777 B. II S. 538 gedruckt. „Die Romanzen, welche
Sie die Güte gehabt, mir mitzuteilen, sind die eigentlichen alten spanischen Romanzen,
wie sie der arme Cavalliero in Spanien hinter dem Pfluge, oder mit der Muskete auf
der Schulter, zu seinem unaussprechlichen Vergnügen singt, und als einen grofsen Schatz
interessanter Geschichte, entweder im Gedächtnisse oder geschrieben verwahret."

†) Diese Dezember-Nummer des „Deutschen Museums" las Herder. Vgl. seinen
Brief an Gleim (S. 327). Die zwei Prosaübersetzungen Meinhards regten Herder an, eine
poetische Übersetzung der beiden Romanzen Góngoras zu versuchen. — In Herder,
Sämtliche Schriften, Suphan B. XXV die 1. S. 581 f., die 2. S. 430 f.

von Montalvan in seiner Verbannung vom Hofe Karls des Grofsen"
hinzu*). — Meinhard wollte unter Anderem die „Araucana" des
Alonso de Ercilla übersetzen und genofs in Deutschland einen sehr
verbreiteten Ruf als Kenner der spanischen Litteratur.

Wichtiger als Meinhards Pläne sind für uns einige allgemeine
Betrachtungen über die spanische Litteratur, welche der Hamburger
Daniel Schiebeler im Jahre 1766 in die „Bibliothek der schönen Wissen-
schaften" eingerückt hatte**).

Schiebeler war seit seinem zwanzigsten Jahre des Spanischen
kundig und schrieb früh auch spanische Verse.***) Er ging 1763 nach
Göttingen, wo Dieze Custos der Bibliothek war, und konnte mit dem
späteren Übersetzer des Velázquez den immer wachsenden Schatz
spanischer Bücher für seine Lieblingsstudien benutzen. Grofse Kenntnisse in der spanischen und portugiesischen Poesie erwarb er aber
nicht. Er scheint nach Art eines Dilettanten einige wenige Dichter
bevorzugt zu haben. Camoëns gewann Schiebelers gröfste Achtung.
Einige spanische Kunstromanzen, die er nachzuformen versuchte, bildeten seine hauptsächlichste spanische Lektüre.

Dafs Schiebeler durch französische Journalkritiker in seinen Urteilen
über die spanische Litteratur beeinflufst worden ist, kann nicht in
Zweifel gezogen werden. Wie Cronegk, so wufste auch Schiebeler,
dafs die Franzosen reichlich aus den spanischen Dramatikern geschöpft
hatten, und er wünschte den Deutschen eine ähnliche Verwendung
des spanischen Theaters. Er behandelt in seinem Artikel die Epik,
das Drama, die Lyrik und die Prosa der Spanier nacheinander. Er
zeigt seine Bewunderung für die „Araucana" des Ercilla: „Dieses Ge-

---

*) Es ist die herrliche Romanze, welche sich bei Duran, Romancero General.
Madrid 1851, T. I S. 232 ff.: „Reinaldos y la infanta Celidonia" befindet.

**) Der nicht unterzeichnete Artikel wird von Ebert, Deutsche Viertelj. S. 94 richtig
Schiebeler zugeschrieben. Koberstein: Geschichte der deutsch. Nationallit., B. IV, S. 191. 50
zweifelt an Schiebelers Autorschaft und stellt daneben den Namen Dieze mit einem
Fragezeichen. Er hat die Angaben bei Meusel B. XII, S. 129 und Jördens B. IV,
S. 443 übersehen.
— Was Dieze anbetrifft, so urteilte er selbst über Schiebelers Artikel in seiner
Übersetzung des Velásquez, Geschichte der spanischen Dichtkunst, Göttingen 1769 am
Schlusse einer Note S. 170: „Die in der neuen Bibliothek der schönen Wissenschaften
B. I, S. 209 und ff. gegebene Nachricht von der spanischen Poesie, rührt von einem
Kenner derselben her, viele Unrichtigkeiten würde derselbe gewifs vermieden haben,
wenn er die angeführten Dichter alle selbst vor sich gehabt hätte".

***) Vgl. Eschenburgs Einleitung zu Daniel Schiebelers auserlesene Gedichte. Ham-
burg 1773 S. XIV.

dicht hat, so viel ich mich erinnere, keine Maschinen, die Gleichnisse darinnen sind fürtrefflich, und es hat Stellen, die die Natur selbst sind".*) Er erwähnt die „Austriada" des Juan de Rufo, den „Monserrat" des Cristobál de Virués und sagt von der „Jerusalem conquistada" des Lope de Vega: „Dieses Gedicht mochte dem Lopes de Vega wohl den Namen des spanischen Homer erworben haben, welchen ihm verschiedene französische Schriftsteller beilegen". Über das Drama hat Schiebeler sehr dürftige Nachrichten. Er zitiert eine Stelle aus dem: „Arte nuevo de hacer comedias" und sagt von Lope: „Er war ein aufserordentliches Genie, mufste sich aber leider nach seinen Zuschauern bequemen". Die „Verdad sospechosa" wird hier richtig „einem gewissen Alarcon" und nicht Lope de Vega zugeschrieben. Um Calderon, den „Terenz der Spanier", und die Reihe von grofsen Dramatikern, welche durcheinander und ohne ein Wort der Charakterisierung erwähnt werden: Cervántes, Guillen de Castro, Tirso de Molina, Juan Perez de Montalvan, Francisco de Rojas, Luis Velez de Guevara, Agustin Moreto, Antonio de Solis hat sich Schiebeler scheinbar nicht viel bekümmert. Die Lyrik wird besonders durch Garcilaso de la Vega und Boscan vertreten. „Sie sind als die ersten guten Dichter der Spanier anzusehen, vor ihnen wimmelten die Poesien ihrer Nation von ungeheuren Metaphern". „Nach ihnen" hätte wohl Schiebeler sagen dürfen. Die Übersetzung zweier Sonette, die gleich darauf folgt, sollte die Bedeutung der beiden Dichter noch überzeugender dartun.**) Unter den satirischen Gedichten wird Cervántes „Viaje al Parnaso" hervorgehoben, der Inhalt des Meisterwerkes und ein paar Übersetzungsproben aus demselben angegeben.***) Die Romanzen werden daraufhin berührt: „Eine gewisse Naivität des Stils machet einen Teil des Charakters dieser Lieder aus". Es folgt das Schäfergedicht mit seinen Repräsentanten die „Diana" des Montemayor und ihre Fortsetzungen des Salmantino, des Gil Polo, die „Arcadia"

---

*) Neue Bibliothek B. I S. 211. — Von Voltaire lernte Schiebeler das Epos Ercillas bewundern. „Lesen Sie", sagte er, „nur die Stellen eines Wilden nach, die der Herr von Voltaire in seiner Abhandlung über die epischen Gedichte der verschiedenen Nationen daraus übersetzt hat". Vgl. Voltaire ed. Moland T. VIII S. 347—352.

**) Schiebeler übersetzt aufserdem gleich darauf (S. 218) ein Lob des Schlafes von Garcilaso, dann Sanchos komisches Lob des Schlafes im „Don Quijote", S. 220 ein Sonett von Lupercio Argensola. — Als Oden- und Liederdichter werden ein Dutzend trockener Namen aufgezählt, einige davon gar unbedeutend. Des Juan de Mena ward aber nirgends gedacht.

***) Über den „Persiles y Sigismunda" sagt Schiebeler nichts.

Lope de Vegas, die „Galatea" des Cervántes. Der „Don Quixote" gilt für Schiebeler als „einer der besten unter allen Romanen". — „Der Nutzen dieses Buches erstreckt sich nicht nur blofs auf diese Nation (auf Spanien), sondern auf das ganze menschliche Geschlecht". Die Schriften Cervántes enthalten „die schönsten Sachen, die beste Moral, die reichste castilianische Sprache". Am Schlusse ist noch der weiteren Erzählungslitteratur und unter dieser der Erzählungen des Juan Perez de Montalvan und der picaresken Romane gedacht.

Die Neue Bibliothek der schönen Wissenschaften erhielt, wie man sieht, in Schiebelers Artikel, wenn man von Morhofs „Spanische Poeterey" und Bertrams konfusen Angaben in seinem „Entwurf einer Geschichte der Gelahrheit" absieht,, das erste wohlgeordnete deutsche Kompendium der spanischen Litteraturgeschichte. Das zweite von weit gröfserem Umfange wurde bei Anlafs der Übersetzung des Velázquez von Professor Dieze in Göttingen geliefert. — Schiebeler beschäftigte sich weiterhin wenig mit der spanischen Litteratur. Er war Doktor der Rechte und überdies Kanonikus im Domkapitel zu Hamburg geworden. Er litt an Hypochondrie wie sein Vorgänger Meinhard und war in seinem Schaffen beständig gehindert. Seine leidenschaftliche Liebe zur Musik führte ihn zu den melodramatischen Stücken Metastasios und zu den melodischen spanischen Romanzen. Durch die letztern erhielt er offenbar die Anregung zu seinen 32 meist von ihm selbst erdichteten Romanzen.*) Er übersetzte ein Sonett aus Lope**), und dem „Don Quijote" entnahm er den Stoff für sein dramatisches Sinngedicht: „Basilio und Quiteria", welches der Kapellmeister Teleman in Musik setzte.***)

Aus dem bedeutenden Jahre der „Nachrichten" Schiebelers (1766) datiert auch die Freundschaft Johann Georg Jacobis mit Gleim. Die mit Liebkosungen und Liebenswürdigkeiten jeder Art überfüllten Briefe, welche sich die beiden Freunde seit diesem Jahre schrieben, enthalten

---

*) Die ersten Romanzen Schiebelers erschienen 1767 zu Leipzig. — Eine 2. Ausgabe davon mit Melodien von Hiller, Hamburg 1768. — Die Klotzsche „Deutsche Bibliothek" brachte eine sehr anerkennende Rezension dieser Romanzen, lobte die Frische und ihre Natürlichkeit und meinte geradezu (freilich mit Unrecht), sie seien aus Spanien herbeigeholt und nach deutscher Landesart gekleidet. — Über die Romanzen Schiebelers vgl. Ztschr. f. deut. Phil. B. 15 S. 165 ff.

**) Vgl. Eschenburg: Schiebelers auserlesene Gedichte S. 175. Es war das nämliche Sonett, welches die Franzosen Voiture und Desmarais nachgeahmt hatten. Vgl. Revue de linguistique B. XXIII S. 98.

***) Schiebelers Gedichte S. 67–90. Vgl. auch Minor: C. F. Weifse und seine Beziehungen zur deutschen Litteratur. Innsbruck 1880 S. 188.

kaum mehr als eine Zeile über Spanien.*) Und doch hatte Gleim
zehn Jahre vorher seine ersten Romanzen veröffentlicht. Doch gab
Jacobi selbst, der schon in früher Jugend Spanisch verstand**), im
Jahre 1767 in Halle seine Prosaübersetzung von sechzehn „Romanzen
aus dem Spanischen des Góngora" heraus.***) Wie weit die Kenntnisse Jacobis in der spanischen Litteratur aufser seiner Vertrautheit
mit Góngora sich erstreckten, ist heutzutage kaum ersichtlich. Als
Riedel in seinem „Denkmal" (S. 58) den frühen Tod Meinhards bedauerte, hoffte er, dafs „Jacobi, Dieze die Lücke füllen würden, welche
Meinhards nicht ausgeführte spanische Studien hinterlassen hatten".
Jacobi hat, meines Erachtens, diesen Erwartungen nicht entsprochen.
Er zog der spanischen Litteratur die italienische vor. In seinen
lyrischen Gedichten lehnt er sich oft an italienische Vorbilder an. Er
hat in seiner ästhetischen Quartalschrift „Iris" (Düsseldorf-Berlin 1774—76)
mit Ausnahme einer Prosaübersetzung der schönen Episode im XX. Ge-

---

*) Vgl. Briefe von den Herren Gleim und Jacobi, Berlin 1768. — Nur gleich im
Anfange, in einem Briefe aus Halle datiert (16. Mai 1767), ist von der Sendung der
Romanzen Jacobis die Rede. Vgl. auch H. Pröhle: Aus dem Briefwechsel zwischen
Gleim und Jacobi in Ztschr. für preufsische Geschichte und Landeskunde, 18. Jahrg.,
Berlin 1881, S. 485—540. — S. 503 ist vorübergehend von Jacobis „zärtlichen Romanzen"
die Rede.

**) „Er kannte schon früh das Italienische, das Englische und das Spanische."
Vgl. J. G. Jacobis Leben, von einem Freunde (Ittner), im VIII. Bande der gesammelten
Schriften Jacobis (Zürich 1807—22) S. 25.

***) Nach Góngoras Vorgange teilte Jacobi seine Romanzen in solche „zärtlicher
Gattung" (8 davon), „lyrischer Gattung" (7), in „Burlesken" (1), denen sich noch romances
varios anreihen. Vgl. schon Ebert D. V. S. 92. — Den sechzehn Romanzen ist ein
Leben Góngoras vorausgeschickt, welches aus der Biographie des Dichters von Gonzalo
de Hozes y Córdova vor der Ausgabe der sämtlichen Werke Góngoras (Madrid 1654)
entnommen ist. — Eine lange Rezension über die Romanzen Jacobis brachte die „Deutsche
Bibliothek der schönen Wissenschaften", Halle 1767, B. I, Stück II, S. 1 ff. Hier erhielt
Jacobi den guten Rat, sich über den Ursprung der Romanze bei Hénault „Nouvel abrégé
chronologique de l'histoire de France" und im 5. Abschnitt des Versuches über Popes
Genie und Schriften zu unterrichten. — Eine weitere Rezension der Romanzen Góngoras
ist in der Halleschen gelehrt. Zeitg. 1767 S. 334 ff. zu finden. — Der Rezensent in der
„Neuen Bibliothek der schönen Wissenschaften und freien Künste", Leipzig 1767, B. V,
Stück II, S. 355 bemerkte, dafs diese Romanzen „ob sie gleich den alten englischen
Balladen nicht an naiver Simplizität gleich kommen, so sind sie doch viel simpler und
naiver, als man sie von einem Spanier hätte erwarten sollen". Die immer wachsende
Bekanntschaft mit den „lang übel verschrienen Spaniern" verursacht Bedenken: „Sollten
die Spanier noch Mode werden, so stehet leider zu befürchten, dafs sie auf dem Parnafs
nicht weniger Unheil anrichten würden, als sie ehemals in den Niederlanden und Amerik-
haben thun können".

sang der „Araucana"*), nichts über Spanien gebracht. — Nur um 1767, vermutlich durch Schiebelers Nachrichten in der „Neuen Bibliothek" angeregt, bemühte er seine Freunde um spanische Bücher und um einige Nachrichten über die spanische Litteratur, in der Absicht eine Arbeit über die „Araucana" zu vollenden, die er doch nicht zu Stande brachte.**) Aus einem Briefe, den ihm Boie von Jena aus am 28. August 1767 schrieb, hebe ich folgende Stelle hervor, welche einigermafsen die Bemühungen der Gelehrten und Dichter Deutschlands um die fremde spanische Litteratur beleuchtet.***)

„Ich bin Ihrem Befehle nachgekommen. Herr Schiebeler wird Ihnen bald den Diablo coxuelo schicken: aber über die Araucana weifs er nichts, als was beim Voltaire steht.†) Er hat sie selbst einmal durchgelesen. Den Fortsetzer kennt er gar nicht. ††) Hier habe ich Ihnen auch nichts für Ihre Arbeit verschaffen können. Ich meinte bei dem Herrn Professor Walck†††) eine neue Ausgabe seiner neuen Bibliothek gesehen zu haben,*†) aber es waren seine Schriften über die Historie von Maians herausgegeben.*††) H. Meinhardt hat ehemals in den hannöverischen Anzeigen verschiedene Aufsätze über spanische und portugiesische Dichter einrücken lassen.*†††) Ich bekomme die Anzeigen in diesen Tagen zum Durchsehen, und ich will richtig anmerken, wenn ich etwas für Sie finden sollte. Herr

---

*) Vgl. „Iris" B. VI, Berlin 1776, Stück I, S. 283 ff.: Tegualda, eine Anekdote aus dem Spanischen.

**) Einen „Versuch über die Araucana" versprach Jacobi in seinen Romanzen aus dem Spanischen des Góngora, Halle 1767 S. 17.

***) E. Martin: Ungedruckte Briefe von und an Johann Georg Jacobi in B. II der „Quellen und Forschungen", hersg. von B. ten Brinck und W. Scherer, Strafsburg 1874. S. 43.

†) Man sieht wiederum, wie die Urteile der Franzosen für unsere Deutschen, die sich um spanische Litteratur bekümmerten, mafsgebend waren. Über die Araucana vgl. Royer: Etude littéraire sur l'Araucana d'Ercilla, Dijon 1880.

††) Diego de Sanisteban Osorio, welcher 33 weitere mittelmäfsige Gesänge der „Araucana" des Ercilla, 1597, hinzugefügt hat.

†††) Über Walcks Kenntnisse der spanischen Litteratur bin ich nicht unterrichtet. Herder stellte in einem seiner hodegetischen Abendvorträge Prof. Walck in die Reihe „jener Thoren", die man Pansophoi und Polyhistores nannte und in Gesellschaft mit anderen Jenaern, mit Stolle, Weigel, Buddäus. Vgl. Von und an Herder. Bd. III.S. 333.

*†) Die neue Ausgabe von Nicolas Antonio, „Bibliotheca hispana vetus et nova", erschien erst in Madrid 1787—88).

*††) Cartas de N. Antonio y A. Solis publicadas por Mayans y Siscar. Lyon 1733.

*†††) Er meint vielleicht die Vorbereitungsstudien Meinhardts zu seinem „Versuch über den Charakter und die Werke der besten italienischen Dichter". In den hannoverischen Anzeigen von 1763 (I. B.) bis in den von 1767 habe ich diese „verschiedenen Aufsätze" nicht gefunden.

Schiebeler hat die Lusiade des Camouens, und ist nicht übel willens, darüber eine Abhandlung zu schreiben. Perron de Casterra hat eine französische Übersetzung davon gemacht mit dem Leben des Dichters.*) Ich wollte, dafs Sie so etwas über die Araucana hätten. In des Goujet Bibliothèque française habe ich, wo ich nicht irre, einmal etwas darüber gefunden, aber ich weifs nicht, wohin ich es geschrieben habe, denn aufgeschrieben habe ich es. Es stehet im VIII. Band, so viel weifs ich."**)

Leider stand der halbfranzösische Boie in keiner näheren Beziehung zu Dieze***) und konnte nur ein mittelmäfsiger Ratgeber in spanischen Dingen sein. Auf seiner 1771 unternommenen Reise nach Antwerpen hoffte er einige spanische Bücher zu erlangen. Er kam mit leeren Händen zurück.†)

Weit unterrichteter in der spanischen Litteratur, als alle seine deutschen Zeitgenossen, war der Bibliothekar und Professor Johann Andreas Dieze.††) Schon während der Leipziger Studienzeit hatte Dieze seine Kenntnisse des Spanischen erworben. Er verwendete sie offenbar, als er 1756 in Göttingen eine Lehrerstelle für Sprachen antrat. Das eigentliche Motor für Diezes spanische Studien waren die „Orígenes de la Poesia Castellana" von Luis Joseph Velázquez. Sie waren 1754 in Málaga erschienen und enthielten einige Urteile über spanische Poesie und über spanische Schriftsteller, welche die herrschenden ästhetischen Ideen seiner Zeit getreu abspiegelten. Die trockenen chronologischen Aufzeichnungen zeigten eine oberflächliche Gelehrsamkeit. Velázquez war aber in seinem Lande hoch angesehen. Er setzte die Tradition des Blas Nasarre und des Montiano y Luyando würdig fort. Er machte sich einen Namen als gewandter Archäologe durch seinen „Viaje literario por los archivos de España", die französische Académie des sciences zählte ihn unter ihre Mitglieder und so erklärt es sich, dafs seine Orígenes sofort jenseits

---

*) Du Perron de Castera, La Lusiade de Camoens. Paris 1733 (3. Bd.).

**) Goujet: Biblioth. franç. Bd. VIII. S. 149 ff.

***) Vgl. K. Weinhold: H. Chr. Boie. Halle 1868. S. 57.

†) Daselbst. S. 67.

— Wie gering und oft Null die Kenntnis der spanischen Litteratur bei einigen damaligen sehr angesehenen Gelehrten war, beweist die zu Leipzig 1767 veröffentlichte „Theorie der Poesie nach den neuesten Grundsätzen" von E. H. Schmidt. Hier werden die Griechen, die Lateiner, die Franzosen, die Engländer, die Italiener, nicht aber die Spanier berücksichtigt.

††) Über Dieze fehlt unbegreiflicher Weise ein Artikel in der „Allg. deutschen Biogr." Vgl. aber Ersch und Gruber, Encyclopedie, I. Sect. S. 168 f.

der Pyrenäen bekannt wurden. Schon 1755 wurden sie vom „Jour·
nal étranger" rezensiert und bald darauf erschien, wie Dieze bemerkte, der französische Artikel in schlechter deutscher Übersetzung
im „Hamburgischen Magazin" und in dem „Neuesten aus der an-
muthigen Gelehrsamkeit".*) Als 1763 Dieze an der Göttinger Bibliothek eine Anstellung fand, dachte er schon an die Verdeutschung des
Velázquez. Er wollte das spanische Werk erläutern und ergänzen.
Er wollte die spanische Litteratur nach den Quellen selbst durchforschten. Wenn ihm die Bücher dazu fehlten, so überredete er die
Universitätsbibliothek, durch die Vermittelung von Hamburg neues
Material aus Spanien herbeizuschaffen. Er konnte als Professor der
Ästhetik (bis 1764) auch Spanien in seinen Vorlesungen berücksich-
tigen.**) Im Jahre 1769, zwei Jahre nach dem Erscheinen der Ham-
burger Dramaturgie war seine „Geschichte der spanischen Dichtkunst"
vollendet und veröffentlicht.

Es war die Arbeit eines fleifsigen Forschers, nicht diejenige eines
feinen Kenners und vorurteilslosen Kritikers***). Diezes Ergänzungen
zu den „Orígenes" bewiesen nur, wie der Verfasser es ernst meinte
mit seinem Vorsatze, die vernachlässigten Schätze aus der spanischen
Litteratur, mit denen er lange in intimem Verkehr stand, bekannt zu
machen. Lebensnachrichten über einzelne spanische Dichter waren
dem Velázquez hinzugefügt, einzelne Biographien erweitert oder umgearbeitet worden†). Überhaupt hat er das Buch des Spaniers mit

---

*) Vgl. Velázquez' „Geschichte der spanischen Dichtkunst", übersetzt und mit
Anmerkungen erläutert von J. A. Dieze. Göttingen 1769. Vorrede.

**) Er scheint sich aber um die Verbreitung seiner Kenntnisse nicht viel be-
kümmert zu haben. Pütter: Versuch einer akadem. gelehrten Geschichte von der Universität Göttingen, Bd. I. Göttingen 1765 S. 107 berichtet nur, er habe über „verschiedene Theile der alten und neuen Litteratur" doziert. Als Pütter das schrieb, war aber
Dieze kaum seit einem Jahr Lehrer.

— Boie schreibt in einem Briefe von Dieze: „Wie ein Verschnittener das Serail,
so bewahrte er die spanische Literatur aus Furcht eines Eintrages in sein Monopol und
verschob defshalb geforderten Unterricht von Monat zu Monat". Vgl. M. Koch: Hel-
ferich Peter Sturz. München 1879. S. 14.

***) Für Dieze pafst genau das Urteil, welches von ihm selbst in der Vorrede zur
Übersetzung Velázquez über Nicolas Antonio gefällt wurde: „Er war ein grofser
Gelehrter und Litterator, aber nicht allezeit ein einsichtsvoller Kenner der Poesie, daher
sind verschiedene seiner Urtheile ganz unrichtig".

†) Vgl. ganz besonders in seiner Übersetzung die Nachrichten über Castillejo
(S. 196a), Boscan (S. 182a ff.), Hernando de Herrera (S. 206q ff.), Ercilla (S. 203o ff.,
S. 401f ff.), Lope de Vega (S. 328i ff., 395k ff.), Quevedo (S. 226e ff.), Calderon
(S. 242u ff. 340 ff.), Antonio de Solis (S. 348 ff.) u. s. w.

Nachrichten über portugiesische, limousinische, gallicische und sogar arabische Schriftsteller bereichert und verstärkt*). Allein auf dem Fundament des Velázquez weiter zu bauen, war von vornherein ein verfehltes Wagnis. Dieze verstand nicht, dafs eine Geschichte der spanischen Litteratur mit ganz anderen Ideen, mit viel reicheren Materialien, in ganz anderer Ordnung, vor Allem nicht in der Art eines nahezu katalogisierten, biographischen Verzeichnisses mit leeren Titelangaben geschrieben werden sollte. Er steckte noch tief in der bei Lessing und Herder verhafsten trockenen und lebenslosen Polyhistorie, blieb den alten gelehrten Traditionen treu und vermochte somit nicht, seine fleifsigen Untersuchungen mit einem Hauch warmen Empfindens zu beseelen. Er ist unermefslich weit entfernt von der klaren und gründlichen Kritik Lessings. Er hat gewifs gezeigt, wie er in seiner Vorrede bemerkte, dafs „der Wert der spanischen Poesie in Etwas mehr, als nur in einer Reihe von prächtig rauschenden und leeren Worten bestehet"**), allein er selbst legte für diese Poesie nur ein oberflächliches Verständnis an den Tag. Er war ein fleifsiger Sammler und kein Historiker. Wie hätte er sonst über alle litterarischen Gattungen der Spanier ganz anders als in jener kläglichen französisierenden Weise des Velázquez geschrieben und manche Klagen über die bedauernswerte Unregelmäfsigkeit des spanischen Theaters zurückgehalten***). — Doch mufs zu seiner Ehre gesagt werden, dafs er an einigen Stellen seiner Ergänzungen den Lope (S. 329 ff.) und Calderon (S. 341) gegen die Angriffe des Blas Nasarre und Consorten zu verteidigen suchte und sich (S. 130, S. 298) über die falschen, „höchst elendenden" Letters concerning the spanish Nation von Edward Clarke (sie wurden, wie S. 92 bemerkt, deutsch übersetzt) geärgert hat.

Für uns bleibt Diezes Vorliebe für Spanien immerhin von grofser Bedeutung. Er hat seinen Landsleuten einen Ersatz an Stelle der lateinischen „Bibliotheca" des Nicolas Antonio geliefert und den Weg

---

*) Vgl. über Bernardino Ribeyro, S. 79 — Francisco de Saa de Miranda S. 82 u — Camoëns S. 526 ff. — Francisco Rodriguez Lobo, S. 539 ff., Ericeira S. 542 ff. u. s. w.

**) Vorrede. Er scheint schon einigen späteren Romantikern vorzupredigen. — An wen sich diese Worte richteten, weifs ich nicht. Dieze pflegt oft sich über die ungerechten und spärlichen Urteile, welche in seinem Vaterlande über die Spanier gefällt wurden, zu beklagen. Vgl. auch S. 130 seines Buches.

***) Von den vortrefflichen „Comedias" eines Moreto, eines Alarcon, eines Tirso de Molina wufste Dieze nichts. — Er kannte auch die spanischen Volksromanzen nicht, dafür glaubte er versichern zu dürfen (S. 376a), dafs „die Spanier mehr epische Gedichte aufzuweisen haben, als irgend eine andere Nation".

8*

zu Bouterwecks „Geschichte der spanischen Poesie und Beredsamkeit"
(1804) geebnet.*) Vor Bertuch galt Dieze als Cicerone für Spanien.
Die spanische Litteratur war so lange er lebte sein Monopol sagte
Boie mit Recht. Er hat den „Versuch über die spanischen Dichter",**)
jene „Anthologie von spanischen Schriftstellern von den ältesten bis
auf die neuesten Zeiten", welche er einmal versprochen hatte (Vorrede
zur Übersetzung des Velázquez) nicht verfaßt; doch blieb sein Interesse
für Spanien immer rege. Er bearbeitete für W. Guthries „Allgemeine
Geschichte" den XII. Band: die „Geschichte von Spanien und Portugal."
Er übersetzte, höchst wahrscheinlich nach dem Rate Lessings, von
1775—79 den „Viaje de España" des Don Pedro Antonio de la
Puente***). Noch um 1781 drei Jahre vor seinem Tode übertrug er ein
geographisch-historisches Werk über Amerika aus dem Spanischen des
Antonio de Ulloa.†)

---

*) Diese ist die erste wahrhaft kritische Litteraturgeschichte Spaniens, denn das
Handbuch der spanischen Sprache und Litteratur von Fr. Buchholz, 2 Bde. (Berlin 1801—02)
dem wir im III. Teil dieser Arbeit begegnen werden ist eine bloße Anthologie mit
knappen Nachrichten über Dichter und Prosaisten.

**) Vgl. Herder: Briefe zur Beförderung der Humanität bei Suphan B. XVIII
S. 137: „Ein Versuch über die spanischen Dichter ist mit dem gelehrten Kenner dieser
Litteratur, dem Herausgeber des Velásquez, Diez, gestorben."

***) Reise durch Spanien aus dem Spanischen, oder Briefe über die vornehmsten
Merkwürdigkeiten in dem Lande, mit Erläuterungen und Zusätzen von J. A. Dieze, 2. Thl.
(Leipzig 1775—79). — Die zwei Bände der Reise des de la Puente, welche in Madrid 1772
erschienen waren, sah Lessing auf seiner 1775 mit dem Prinzen Leopold von Braunschweig
unternommenen Reise durch Italien. In seinem „Tagebuch der italienischen Reise" (Lessings Werke, Hempel B. XIX S. 607) sagte Lessing von Antonio de la Puentes Reise: „Es
wäre zu wünschen, daß wir Deutsche eine Übersetzung von diesem Werke hätten".
Die Fortsetzung des „Viaje de España" vom 3. bis zum 15. Band trägt den Autornamen
Antonio Ponz.

†) Ant. de Ulloa: Physikalische historische Nachrichten vom südlichen und nord-
östlichen Amerika, mit Erläuterungen und Zusätzen. Leipzig 1781. — Diese Übersetzung
wurde durch die gelehrten Zusätze von einem Prof. Schneider in Frankfurt a. d. O. bedeutend erweitert und gab zu einer englischen Übersetzung Anlaß. — Ein Jahr vor Diezes
Übersetzung des Ulloa (1786) erschien zu Braunschweig der Aufsatz Lessings: „Beschreibung des Portugiesischen Amerika von Cudena" wo mehrere Stellen aus dem
Werke des Antonio de Ulloa gleich im Anfang zitiert werden. Vgl. Lessing, Hempel
B. XIX 205 ff.

— Die Übersetzung Diezes des „Viage de España" des de la Puente blieb damals
in Deutschland die gelesenste Reisebeschreibung durch Spanien. Hier mögen die andern
mir bekannt gewordenen Übersetzungen aus fremden Reisebüchern bis zum Jahre 1785
folgen, bis zu J. Jakob Volkmann: Neueste Reisen durch Spanien vorzüglich in An-
sehung der Künste, Handlung, Ökonomie und Manufakturen aus den besten Nachrichten
und neuen Schriften zusammengetragen (Leipzig 1785), eine fleißige Kompilation, eine

XI.

Maria Theresia machte im Jahre 1752 in ihrem Staate bekannt, sie wünschte nur Stücke aus dem französischen, italienischen oder spanischen Theater oder gute Übersetzungen solcher Stücke aufgeführt zu sehen.*) Man hatte erwartet, dafs eine schöne Reihe von Dramen der grofsen Spanier eine Zeit lang die Bühnen Österreichs belebt hätte.**) Allein nur den süfslichen, melodischen, leicht verlockenden

Art Zeillersches Itinerarium, den Bedürfnissen der Deutschen des 18.'Jahrhunderts angepafst. — Erst J. G. Baumgartner gab seine eigenen Reiseeindrücke in Spanien 1787 heraus.

— Man bemerke, wie die meisten dieser Übersetzungen aus den Leipziger Druckereien stammen. Mit wenigen Ausnahmen (D'Aulnoy Reise durch Böttiger) bieten sie dem Litterarhistoriker, wie die aus früheren Jahren stammenden (S. 295 f. angegebenen) kein eigentliches Interesse. Sie sollen dem Naturforscher, dem Handelsmann, dem Praktiker dienen:

— 1776 gab der Dichter Mathias Claudius zu Leipzig die Übersetzung von Rich. Twifs: Reisen durch Portugal und Spanien im Jahre 1772—73 heraus. (In den Sämtlichen Werken des Wandsbecker Boten, IV. Auflage, Hamburg 1829, nicht zu finden.)

— 1777 erschien zu Leipzig Carl Christoph Pluers, Dänischer Gesandtschaftsprediger zu Madrid, Reisen durch Spanien aus dessen Handschriften von Ebeling. — Einzelnes davon schon im 2. und 4. Band des grofsen Büschingschen „Magazin für Historie und Geographie der neueren Zeit" enthalten, so die Reise von Madrid nach dem Escurial" im IV. Bd. (1770 S. 381—410). Im V. B. des Magazins (1771) erschien ein „Catalogus Manoscriptorum Bibliothecae Scorialensis".

— 1778 zu Leipzig Philipp Thicknesses Reisen durch Frankreich und einen Teil von Catalonien (aus dem englischen).

— 1778 zu Leipzig. Des Majors Wilhelm Dalrymple Reisen durch Spanien und Portugal, nebst einer Nachricht von der Unternehmung der Spanier auf Algier im Jahre 1775. (Nach dem englischen Original von London 1777.)

— 1779 zu Leipzig, Franz Carters Reise von Gibraltar nach Malaga 1772 (aus dem Englischen in 2 Teile).

— 1781 zu Leipzig 2 bändig. Über Sitten, Temperament, Altertümer, Ackerbau, Handel, Theater, Finanzen und die Gerichtshöfe Spaniens, von einem reisenden Beobachter in den Jahren 1777—78 (nach dem französischen Original Essai sur l'Espagne etc. de Mr. P. à Genève 1780).

— 1782 zu Leipzig in 2 Teile Johann Talbot Dillon: Reise durch Spanien im Jahre 1778 aus dem Englischen und mit den übrigen Nachrichten des Hrn. Bowles vermehrt. Deutsch von Engelbrecht.

— 1782 zu Nordhausen in 3 Teile D'Aulnoy: Reise durch Spanien an den Hof zu Madrid. Aus dem Französischen übersetzt von G. K. Böttiger.

— 1785 erschien die Reise von Joh. Jak. Volkmann.

*) Vgl. K. Schuchardt: Zu Calderons Jubelfeier. „Romanisches und Keltisches." Berlin 1886 S. 116.

**) Bis zur Mitte des 18. Jahrhunderts lebten Spanier scharenweise in Wien. Der Duque de Liria (J. F. J. James Stuart) in dem Berichte über seine Gesandtschaft nach

Melodramen des Metastasio, des glücklichen „Poeta Cesareo" wurde ein voller Triumph zu Teil, und Spanien lieferte nichts als jenes von Julius Friedrich Scharfenstein, nach dem Italienischen übersetzte Stück: „Das menschliche Leben ist ein Traum,"*) welches im Jahre 1760 im Wiener Stadttheater aufgeführt wurde, und in welchem die berühmte Friederike Huber die Rosaurarolle spielte. — Es schien als ob Lessing und Cronegk vergebens ihre Stimme erhoben hätten. Nur einige auserwählte Dichter und Geister wufsten, welchen Nutzen das deutsche Theater aus der Bekanntschaft mit dem Spanischen hätte ziehen können.

Einiges aus der machtvollen Dramatik Calderons fiel in die Hände von Gerstenberg, zu gleicher Zeit als er durch den grofsen Britten die Anregung zu seinem „Ugolino" empfing. In der Einleitung seines Versuches über Shakespeare (1766) liefs Gerstenberg seiner Bewunderung für Calderon freien Lauf**). Er führte einige Stellen des Dramas „Cada uno para si" an, stellte den spanischen Dichter Shakespeare gegenüber und fand, dafs der Spanier an Genialität und Erfindungskraft nicht nachkam. Freilich, giebt Gerstenberg hier nur rauschende Worte. Francisco Mariano Nipho (vgl. S. 295), der im „Diario extranjero" Calderon gegen die Angriffe seiner Zeitgenossen verteidigt hatte, mag die überschwänglichen Urteile Gerstenbergs beeinflufst haben. Und „wahrlich" sagt der Verfasser des Versuches (S. 255) „den Mann von Geschmack möchte ich auch unter uns sehen, der, wenn er nur den zwanzigsten Teil von den fünfhundert zwei und zwanzig theatralischen Werken des Calderon gelesen hätte, nicht mit Erstaunen gestehen wird, dafs ihm eine unerschöpfliche Fruchtbarkeit der Erfindung, verbunden

---

Rufsland (1727) spricht von „infinitos españoles", die sich in der österreichischen Hauptstadt niedergelassen hatten. „El Emperador les atiende infinito", sagte er, „pero no les pueden ver". Berlin war unter den Städten Deutschlands diejenige, welche dem spanischen Gesandten am meisten imponierte. — Vgl. Coleccion de documentos inéditos para la historia de España T. XCIII. Diario del Duque de Liria S. 42, S. 68.

*) Schack, B. III S. 454. Schuchardt Romanisches und Keltisches, S. 116. Dorer: Die Calderon-Litteratur in Deutschland S. 21.

— Indessen und schon seit der Mitte des XVII. Jahrhunderts wurden die Deutschen mit dem Don Juan-Stoff, durch spätere französische und italienische Bearbeitungen aus dem ursprünglichen Drama Tirso de Molinas: „El burlador de Sevilla y convidado de piedra" bekannt. Mehrere Volksschauspiele und Puppenspiele über den „Don Juan und den steinernen Gast" ergötzten das deutsche Publikum, die Wiener insbesondere lange vor dem Erscheinen von Mozarts unsterblicher Oper „Don Juan." — Darüber Engel: Die Don Juan-Sage auf der Bühne. II. Auflage, Oldenburg-Leipzig 1887 S. 78 ff.

**) Gerstenbergs Versuch, 14—18 der schleswigschen Litteraturbriefe. Vgl. Gerstenberg „vermischte Schriften", Altona 1815, B. III S. 251 ff.

mit einer so immer gegenwärtigen Überlegung in der Anordnung und so viel Geist in der Ausführung, noch bei keinem anderen Schauspieldichter in ganz Europa vorgekommen sei." Lessing hätte gewifs nicht so enthusiastisch über den Spanier gesprochen. Las denn wirklich Gerstenberg mehr als den zwanzigsten Teil der Werke Calderons? Es war die Begeisterung des Augenblickes, welche der reiferen Überlegung ermangelte und bald vergehen sollte. Am Schlusse des Versuches versprach er eine Analyse von Calderons „La hija del aire" und eine Parallele dieses Stückes mit Shakespeares „Comedy of Errors". zu geben, er hielt sein Wort nicht, er hat des Calderon in seinen weiteren Schleswigschen Briefen nicht mehr gedacht; die Engländer, die Dichter des Nordens, vertraten von nun an in der Seele des deutschen Dichters auch die Stelle der Spanier.

Nicht so spurlos gingen Lessings spanische Studien vorüber. In Hamburg hatte er gewifs mehrere der Komödien, welche die Schiffe aus Cadiz mitbrachten (Wagner a. a. O. S. 11) gekauft und durchgelesen. Was in der „Dramaturgie" über das spanische Theater gesagt wird, ist allen bekannt und soll hier nicht wiederholt werden. Das Urteil Lessings war reif geworden. An Stelle der Bewunderung für Montianos Talent trat eine strenge Kritik von dessen frostiger „Virginia" (68. Stück). Das alte gute Stück des Coello: „El Conde de Sex", welches schon in einer nicht direkten Übersetzung in den Repertoiren der deutschen Wandertruppen stand, erhielt seine Würdigung.*) Lopes „Arte nuevo de hacer comedias" (62., 69. Stück,) hatte Lessing über das wirklich Geniale im spanischen Theater belehrt, er hob ohne Übertreibung die Vorzüge und Mängel der spanischen „Comedias" hervor, er verwies auf das Alte, auf das echt Nationale. Was er sagt, sind goldene Worte**).

---

*) Lessing geht hier wiederum in seinem Lobe viel zu weit. Er hat, meines Erachtens, den Napoli Signorelli zu einer 10 Seiten starken Kritik des gleichen Stückes im IV. B. (S. 204 ff.) seiner „Storia critica dei teatri antichi e moderni", Napoli 1789 veranlafst.

**) Lessings dramatischer Entwurf „Eraclio und Argila", der aus unbekannter Quelle fliefst, hat eine spanische „Comedia" zur Grundlage. Vgl. Boxberger: Lessings dramatische Entwürfe S. 683 f. Die Randbemerkungen beweisen, dafs Lessing doch nicht über alle Sprachschwierigkeiten hinaus war. Über Lessings Benutzung einer Romanze von Quevedo: „Orfeo por su mujer" für sein Prosagedicht „Orpheus", vgl. E. Schmidt, Lessing B. I S. 331. Lessing brauchte aber nicht direkt aus dem spanischen des Quevedo zu schöpfen. Schon 1725 hatte Brockes im I. Teil von Weichmanns „Poesie der Nieder-Sachsen oder allerhand, mehrenteils noch nie gedruckte Gedichte", Hamburg 1725. S. 307 die Übersetzung des kleinen Gedichtes Quevedos eingerückt.

— Hier noch Einiges aus Lessings „Collectaneen" (Hempel B. XIX), welche uns

Lenkten einige Deutsche, nach dem Erscheinen der „Hamburger Dramaturgie" ihre Aufmerksamkeit auf die Dramatik der Spanier, so geschah es natürlich auf Lessings Anregung hin. Allein die Sprache stellte noch viele Hindernisse in den Weg. Auch waren spanische Bücher schwer zugänglich und so mußte wiederum Frankreich als Vermittler dienen. Das dreibändige Werk „Théâtre espagnol" des Linguet (Paris 1768—1770) wurde gemeinsam von Zachariae und Gärtner übersetzt und in Braunschweig in 3 Bänden von 1770—1771 herausgegeben in der Hoffnung, die neuen Stücke, würden als eine „angenehme Abwechselung" dienen für diejenigen, die sich „an den gewöhnlichen Stücken fast müde gesehen haben" und den „dramatischen Schriftsteller zu neuen Erfindungen vielleicht Anlaß geben"*). Unter den übersetzten Stücken befanden sich 4 von Calderon, 3 von Lope, 3 von Moreto, 1 von Mátos Fragoso und 1 von Francisco de Bances Cándamo**).

In diesem halbfranzösischen Gewande hätten die neuen Stücke für einen Impresario nützlich sein können. Man wartete noch einige

---

einen Begriff von den Beschäftigungen des großen Kritikers mit dem gelehrten Spanien geben. S. 249 ist vom Traktat: „De la vida solitaria" des Cristovál de Acosta, S. 485 von Ruy Lopez Traktat über das Schachspiel — S. 548 von einer Übersetzung des José de Cáceres — S. 410 von Mariana und Garibay die Rede.

In seinen etymologisierenden Versuchen hat er zwei Mal S. 280 und S. 303 auch das Spanische zu Hilfe gezogen.

*) Vgl. Spanisches Theater B. I Vorrede.

**) Wie diese Verdeutschungen das spanische Original treu wiedergeben, kann man sich leicht vorstellen. Bourgoing im II. B. seines: „Tableau de l'Espagne moderne" Paris 1797 (I. Ausgabe von 1789) sagt von Linguet und Duperron de Castera S. 347, daß sie statt wahrer Übersetzungen „des sommaires ou des squelettes de drames" geliefert haben. Richtig fügte auch Bourgoing hinzu: Je ne crois pas qu' il y ait une seule pièce espagnole exactement traduite dans notre langue.

— Dorer in seiner flüchtigen Arbeit: Die Lope de Vega-Litteratur in Deutschland Zürich 1877 (fortgesetzt bis 1885) verwechselt S. 11 Lope mit Matos Fragoso bei der Angabe des „Villano en su rincon" und vergißt die im III. B. des „Spanischen Theaters Zachariaes" enthaltenen 2 Stücke Lopes anzuführen. Ich übergehe mit Absicht die Baudissinsche Übersetzung von Molière (Dorer S. 11) und die wenigen Singspiele der 70er Jahre, die auf französisch-spanische Erfindungen zurückzuführen sind.

— Auch mir ist der Beitrag zum spanischen Theater, Hamburg und Riga 1771 (vgl. Koberstein IV 192 61), in dem 21. B. Teil 2 S. 512 der Allgemeinen deutschen Bibliothek besprochen, unbekannt. Hier ist von einem Stück, des Antonio de Solis „Der beschwerliche Narr" (Un bobo hace cientos?) und von 4 Nachspielen die Rede. Vom ersten wird gesagt, es sei: „auch ein ganz gutes Stück mit einer dreyfachen Intrigue nach spanischer wunderbarer Art" S. 532. Die vier Nachspiele aber waren für die allgemeine deutsche Bibliothek unbrauchbar „sie hätten mögen unübersetzt bleiben."

Jahre, bevor man aus dem Linguetschen Vorrat neue Bearbeitungen
für die deutsche Bühne lieferte.*) 1777 kam zu Bern die Übersetzung
der theatralischen Werke Carlo Gozzis von Werther heraus und lieferte in spanisch-italienisch-deutschem Gewande einige weitere Stücke
aus Calderon, Moreto und Tirso de Molina.**) Man weifs, wie sehr
Gozzi seine Erfindungen und seine dramatischen Kunstgriffe den
Spaniern verdankt.***) Sein Einflufs aber auf das deutsche Drama
ist unbedeutend, weit geringer als der seines Nebenbuhlers Goldoni.

Am 18. Dezember 1778 brachte Schröder seinen „Amtmann Graumann oder die Begebenheiten auf dem Marsch" auf die Bühne. Es
war eine Bearbeitung des „Alcalde de Zalamea" Calderons, aber
nicht nach dem spanischen Original, sondern nach Linguets: „Le viol
puni" in der Braunschweiger Übersetzung. Schröder selbst spielte
den Alcalde. Ein Jahr vor der Aufführung des Amtmann Graumann, am 20. September 1777, äufserte sich Lessing in einem Briefe
an seinen Bruder Karl über „einen gemeinen Mann", der den Alcalde
de Zalamea ins Französische übersetzt haben sollte. „Es ist mir ein
Umstand eingefallen", schrieb Lessing, „wodurch dieses Stück, das
mir aufserordentlich gefallen, sich vollkommen verdeutschen (etwas
mehr als übersetzen) liefse".†) Lessing war anderweitig beschäftigt.
Er hat das Stück nicht übersetzt, gewifs hat er aber die Wahl
Schröders bestimmt. — „Der Amtmann hat überall gefallen", schrieb
Ludwig Meyer im Leben Schröders,††) „obgleich der Schauspiel-
unternehmer glaubte, das Deutsche Publikum sey empfänglicher für
Begebenheiten und Sitten heimischen Bodens und Anzugs, als für die

---

*) Es scheint, dafs einige Stücke in der Bearbeitung von Zachariae und Gärtner
schon 1770 auf die Bühne gebracht wurden. In der Vorrede zum III. Bde. des Spanischen
Theaters (Braunschweig 1771) wird ausdrücklich bemerkt: „Man hat bereits einige
Stücke aus den beiden ersten Bänden dieses Theaters öffentlich aufgeführt, und diese
sind von solchen Zuschauern, die sich lieber ihren Empfindungen, als den voreiligen Ein-
würfen allzeit fertiger Kunstrichter überlassen, mit vielem Vergnügen gesehen worden".

**) Die Bearbeitungen Gozzis aus dem spanischen Theater sind schon bei Schack
III, 444 angegeben.

***) Geistreich aber übertrieben, unhistorisch ist was Phil. Chasles in seiner Studie:
D'un Théâtre Espagnol Vénitien au XVIII Siècle et de Charles Gozzi in „Etudes sur l'Espagne", Paris 1847 S. 465 ff. berichtet. — Besser über Gozzi, und doch ungenügend
über seine Werke: G. de Magrini, I tempi, la vita e gli scritti di Carlo Gozzi. Bene-
vento 1883, und das jüngste schöne Werk J. Addington Symonds: „Essay on Italian
Impromptu Comedy. — Gozzis Life, his dramatic fables and Pietro Longhi, vor seinen
„Memoires of Count Carlo Gozzi translated into English. London 1890.

†) Boxberger: Lessings dram. Entw. S. 569.

††) J. L. W. Meyer. Friedrich Ludwig Schröder. Hamburg 1819. T. I. S. 310.

des Auslands."*) — Allein dem Verständnis des spanischen Theaters war damit wenig nachgeholfen. Das Stück Schröders wimmelte von Prosaismen jeder Art.**) Nicht die Herrlichkeit der fremden Dichtung, nicht die spannende Intrigue zogen an, sondern das Äufserliche, die blendende Tracht, die reiche Scenerie, auf welche das Stück, dem Geschmacke des Publikums gemäfs, zugestutzt war. Lessing hätte seinen Spaniern mehr Ehre gewünscht. Schröder war des Spanischen nicht mächtig und konnte somit nicht tiefer in die verwickelten Situationen und Geheimnisse der Calderonschen Dramatik eindringen. — In seinem Stück: „Die unmögliche Sache" hätte er seine Zuschauer mit einem vortrefflichen Lustspiel des Moreto: „No puede ser guardar una mujer", das seinerseits aus Lopes „El mayor imposible" geflossen war, bekannt machen können. Er hat nur die englische Übersetzung des Crown: „Sir Courthly Nice, or it cannot be" deutsch umgearbeitet.***)

Der Erfolg Schröders hatte Gottlieb Stephanie den Jüngeren zu einer ähnlichen Bearbeitung des „Alcalde" ermuntert. Das spanische Original blieb natürlich auch diesmal unberührt. Stephanies „Oberamtmann und die Soldaten" (1781) ging aus dem „Paysan magistrat" des Collot d'Herbois hervor und Collot d'Herbois hatte Linguets: „Le Viol puni" benutzt! Dieser „Oberamtmann" gefiel und wurde, im Wiener Burgtheater von 1781 bis 1798, 23 mal aufgeführt (Schuchardt S. 116).

Zu diesen kümmerlichen Leistungen kamen noch die „Schauspiele nach spanischen Plänen bearbeitet," welche G. W. Ruprecht Becker 1783 in Dresden und Leipzig, ein Jahr nach dem III. Bde. des „Magazins" Bertuchs, veröffentlichte, hinzu.†)

---

*) Über den Amtmann vgl. von J. L. Schröders Dramatische Werke, hrg. von Tieck u. Bülow. Berlin 1831. Bd. I. Tieck S. XLV f. u. Bülow LXXIV ff.

— Der Amtmann Graumann wurde 1781 in Mannheim ohne den Namen des Verfassers gedruckt.

— Warum spricht Schuchardt: Rom. u. Kelt. S. 114 nur von Schröders Amtmann in Mannheim 1781 und erwähnt ihn sogar nach Stephani's späterer Bearbeitung: „Der Oberamtmann und die Soldaten"!

**) Selbst Tiecks „Einleitung", Gervinus V 539 haben dies zugestanden.

***) Schröders Werke, Bd. I S. LXVIII und Schack III 454, wo auch das deutsche Lustspiel „Die offene Fehde", eine Bearbeitung aus Dumanians „Guerre ouverte", nach Moreto erwähnt wird. — In Schröders Komödie: „Stille Wasser sind tief", eine Bearbeitung aus Fletchers: „Rule a wife and have a wife", liegt teilweise die Novelle Cervántes: „El casamiento engañoso" zu Grunde (Schröder Bd. I S. XLIX f.)

†) Diese letzten habe ich leider nicht sehen und benutzen können.

Bevor wir eine richtige und allgemein verbreitete Würdigung des spanischen Theaters in Deutschland antreffen, haben wir noch einen langen Weg zu durchwandern. Flögel, der 1787 in dem Abschnitt „Von der Komödie der Spanier" in seiner „Geschichte der komischen Litteratur" (Bd. IV, S. 157—184) und in der „Geschichte des Groteskkomischen" (Liegnitz 1788),*) über das Drama, speciell über die Komik der Spanier sich aussprach, hat noch den Riccoboni, den Napoli Signorelli und Baretti**) vor Augen.

XII.

Böttiger berichtet von F. J. Bertuch, dafs er oft scherzend sagte, er habe „sein rechtes Auge zum Lehrgeld für die spanische Sprache bezahlt."***) Die Kenntnis des Spanischen hat Bertuch für den schweren Verlust genug entschädigt. Sie hat seine ganze litterarische Tätigkeit bestimmt. Sie machte ihn zum bedeutenden, einflufsreichen Mann im Weimarer Kreise. Jung traf er mit Backhof, dem einstigen dänischen Gesandten in Madrid, zusammen, und die Gelegenheit bot sich, die schöne und vernachlässigte fremde Sprache zu erlernen, und den Schatz spanischer Bücher zu benutzen, welche Backhof für seine Bibliothek in Hartmannsdorf in Spanien selbst sich angeschafft hatte. Man stelle sich die Freude, dieses von der Natur mit Witz und Humor begabten Mannes beim Durchlesen des „Don Quijote" in seiner Originalsprache vor. Die Lektüre des Cervántes schritt in Weimar seit 1772 in Gemeinschaft mit dem Bibliothekar Schmidt weiter. Vermutlich wurde damals schon der Plan gefafst, Deutschland mit einer würdigen

*) Die beste Ausgabe des wichtigen Werkes erschien zu Leipzig 1880.
**) Bemerkenswert ist der Satz S. 159 des Abschnittes: Von der Komödie der Spanier: „Es mufste auch ein Volk, welches ehemals in seinen Sitten eine stolze Ernsthaftigkeit, und in seinen Gesinnungen einen romanhaften Schwulst affectire, eine Menge von tausend Intriguen und hyperbolischen Charakteren anbieten, die man nicht leicht bei einer andern Nation finden würde". — Für Flögel waren die Untergattungen des spanischen Dramas besonders wichtig. Er sprach mit Bewunderung (S. 181 ff.) von den Autos, den Loas, Saynetes, Tonadillas, Zarzuelas und Entremeses. Von Lope sagt er (S. 173): „Nicht Plan und Regel, sondern Erfindungskraft, Charakterzeichnung, Sittenmalerei, Menschenkenntnifs, Sprache und Diction mufs man bei Lope suchen und bewundern". Ein vortreffliches Urteil. Nur hat Lope keine tief durchdachten Charaktere wie etwa Shakespeare und Molière geschaffen. — In der „Geschichte des Groteskkomischen" (S. 73) sagt Flögel, dafs: „Die Spanier wegen ihrer ausschweifenden und erhitzten Einbildungskraft im Groteskkomischen alle Völker in Europa übertroffen haben".
***) Böttiger: Literarische Zustände und Zeitgenossen, Leipzig 1838, B. I, S. 268.

Übersetzung dieses Meisterwerkes zu bereichern. Es drängte Bertuch zunächst, das geistreichste Werk aus der spanischen Litteratur jener Zeit bekannt zu machen. 1773 veröffentlichte er die zweibändige „Geschichte des berühmten Predigers Bruder Gerundio von Campazas sonst Gerundio Zotes", nicht aber nach dem schwer zu erhaltenden spanischen Original des Fray José Francisco de Isla, sondern nach der von Baretti, einem Freunde Islas, in London patrocinirten und 1772 von einem Dr. Warner ausgeführten englischen Übersetzung.*) „Ein Jahr darauf (1774) gab Bertuch für den „Deutschen Merkur" Wielands die Prosaübersetzung von 25 Liedern des Villegas heraus und einen „Versuch über Don Estevan Manuel de Villegas", „einen der liebenswürdigsten Dichter der Spanier", wie er ihn nannte.**) Offenbar schöpfte Bertuch seine Kenntnisse der spanischen Lyrik aus dem Velázquez-Diezeschen Werke. (Seine Nachrichten über Villegas entnahm er den „Memorias de la vida y escritos de Don Estevan Manuel de Villegas

---

*) Die Inquisition verfolgte den unglücklichen Isla, dessen I. B. des Gerundio, in Madrid 1758 unter dem Namen Don Francisco Lobon de Salazar: „Historia del famoso Predicador Fray Gerundio de Campazas" erschien, auf den Index gesetzt wurde. — Spanische Exemplare des Gerundio waren bis zur Bayonner Ausgabe von 1787 schwer aufzutreiben. Daher die Übersetzung von Warner und die daraus entstandene Verdeutschung Bertuchs. — Isla korrespondierte mit Christoph von Murr. Sein Werk war im Murrschen Journal besprochen worden. Vgl. Christoph Gottlieb von Murr in Journal zur Kunstgeschichte und zur allgemeinen Litteratur, Nürnberg, B. VII (1780), S. 296; B. X (1782), S. 212, B. XI (1783), S. 231. — Über den Fray Gerundio de Campazas vgl. eine Studie in der „Revista Europea", Madrid 1879, No. 3 S. 58—68, No. 4. S. 120—127 und neuerdings die erschöpfende Thesis von Bernard Gaudeau: Etude sur Fray Gerundio et sur son auteur Le P. José Francisco de Isla, Paris 1890. — Über weitere deutsche Übersetzungen aus dem Gerundio S. 466 der Biographie Gaudeaus.

In der Anzeige des „Gerundio von Campazas" im „Teutschen Merkur" B. III Stück I S. 195 ff. (Juli 1773) wiederholen sich die Klagen über die Seltenheit spanischer Bücher in Deutschland. Der Buchhandel muss dafür sorgen, die litterarischen Schätze Spaniens durch möglichst treue Nachdrücke der besten Schriftsteller, wie „Cervántes, Boscan, Garcilaso de la Vega, Villegas, Quevedo, die besten Dramatiker und vor allen Lope" unter den Deutschen zu verbreiten. — Die Lektüre des Quijote wird warm anempfohlen. (S. 201): „Und wenn die Spanier auch nur einen Don Quijote hätten, so sollen Leute von gutem Geschmacke Spanisch lernen, um dies Meisterstück des Witzes in der Ursprache lesen zu können". — Auch in der deutschen Kunst sollten die Deutschen sich unterrichten. Zu dem Zwecke diene vortrefflich das Werk des Palomino de Castro y Velasco: El museo pictórico y teórico de la pintura. (Zuerst Córdova 1715 erschienen)

**) Teutscher Merkur 1774, B. V, Stück 2, S. 237—256. — Fälschlich wird von Ticknor (B. II, S. 165, Bemerk. 1 in der Übersetzung „Julius" und wiederholt in der englischen Ausgabe, London 1863, B. III, S. 38, Bemerk. 8) das Leben des Villegas dem „verwandten Geiste Wieland" (the kindred spirit of Wieland) zugeschrieben.

des Vicente de los Rios" in: Las Eróticas y traduccion de Boecio.
Tom I, Madrid 1774, S. V ff.) Die Freunde verlangten aber einen deutschen Quixote von ihm. Bertuch setzte sich fleifsig an die Arbeit
und liefs 1775 bis 1777, nur wenige Jahre vor der Verdeutschung der
Novellen des Cervántes (Leipzig 1779) und des Persiles und Sigismunda (Anspach 1782) vom Grafen Julius von Soden, seine 6 Bände:
„Leben und Taten des weisen Junkers Don Quixote von Mancha"
erscheinen.

In Bertuch steckte leider nicht der Stoff eines Dichters. Auf
Kosten des musikalischen, geflügelten Ausdruckes, auf Kosten aller
poetischen Feinheiten und Zartheiten gab Bertuch die treue, entfärbte,
deutsche Wiedergabe des spanischen Textes. Er hat bei seiner Inter-
pretation nicht die groben, grammatikalischen Fehler eines Tieck
begangen, er hat sich nicht in dem Sinne der Worte und der Sätze
geirrt, dafür aber traf er den feinen, künstlerischen Ton der Satire
Cervántes nicht und büfste später sein allzusehr verstandesmäfsiges
Verfahren mit dem Ruf eines Pedanten. Er gab die Fortsetzung des
„Quijote", des sogenannten Avellaneda, und schnitt die schönen Novellen aus dem Hauptroman des Cervántes heraus. Er drang in einen
schönen Garten hinein, zählte die Blumen und achtete dagegen auf
ihre Farben und auf ihren Duft nicht. Für einen unbarmherzigen Ver-
stümmler nach Art des Florian müssen wir aber Bertuch nicht halten.
Seine Übersetzung machte Epoche. Mit ihrer Hülfe konnte Cervántes
Geist in alle Schichten des deutschen Volkes eindringen.

Im Zeitraum von drei Jahren, von 1780 bis 1782, erschienen Bertuchs wichtigste Beiträge zur Kenntnis der spanischen Litteratur in
Deutschland, nämlich das „Magazin der spanischen und portugiesischen
Litteratur".) Er strebte hierin nach möglichster Mannigfaltigkeit,
liefs, was ihm am Nächsten lag, das Satirische vorwalten, übersetzte
aus Quevedos „Sueños" den Traum vom jüngsten Gericht (B. I
S. 97 ff.), die Briefe des Ritters von Spahrguth (Cartas del Caballero
de la Tenaza) (B. I S. 241 ff.)*), die „Geschichte des Gran Tacaño"
(B. II S. 1 ff.), ferner einiges aus dem Denker (El Pensador) des
Clavigo (B. I S. 213 ff.), ein Entremes des Cervántes: „Das wunder-
tätige Puppenspiel" (El retablo de las meravillas) (B. I S. 35 ff.). Wichtiger als die dürftigen Nachrichten von Lopes Leben am Schlusse des

*) Offenbar war unserem Bertuch die französische Übersetzung der „Sueños" von
Geneste bekannt. „Le chevalier de l'Epargne" hatte Geneste den „Caballero de la
Tenaza" übersetzt.

I. Bandes (S. 232 f.) und die Übersetzung aus der „Gatomaquia" (B. I S. 119 ff.) ist für Lope in dem Magazin das Verzeichnis von seinen gedruckten Werkén „weil die vollständige Sammlung eine grofse Seltenheit ist". Hier machte Bertuch seine Leser auch auf den grofsen Reichtum der spanischen Volksromanzen aufmerksam. Er kannte (aus der Weimarer Bibliothek) eine der ältesten Romanzensammlungen, nämlich diejenige von Felipe Nucio vom Jahre 1568*) und natürlich auch die Romanzen in Hitas „Guerras civiles de Granada".**) Nur wenige Übersetzungsproben teilt er uns mit, verspricht aber „wenn der (Romanzen-) Artikel gefällt, ihn in jedem Bande dieses Magazins fortzuführen", was indessen nicht geschah. Aus dem Portugiesischen gab Bertuch in dem Magazin eine Elegie und eine Ode des Camoens im I. B. und den ersten Gesang der Lusiaden im II. B.***). Der III. B. des Magazins beschäftigt sich ausschliefslich mit dem spanischen und portugiesischen Theater und ist auch unter dem Namen „Theater der Spanier und Portugiesen" bekannt. Wichtigere Proben von Übersetzungen sollten nach Bertuchs Versprechen später folgen. Unterdessen begnügte sich Bertuch die leichtfliefsenden, melodischen Verse in Lope de Vegas Schauspiel: „Der schmerzliche Zwang" in deutsche plumpe Prosa umzuwandeln.†) Er übersetzte auch die dem Drama zu Grunde liegende Romanze des „Grafen Alarcos und der Infantin Solis" (S. 102—120) und betonte richtig die dramatische Ökonomie, die ungezwungene Schürzung der Begebnisse, die treffliche Charakteristik in Lopes Stück (S. 121). Dem „Schmärzlichen Zwang" fügte Bertuch die Übersetzung von dem Entremes des Cervántes: „La cueva de Salamanca" (Die Teufel aus der Kohlenkammer)††) (S. 121 ff.) bei, ferner die beiden

---

*) Die vierte oder fünfte Ausgabe vom „Cancionero de Romances en que estan recopilados la mayor parte de los romances castellanos que fasta agora se an (se han) compuesto". — Vgl. F. Wolf: Über die Romanzenpoesie der Spanier in Wolfs Studien S. 314 ff.

**) Das im I. B. S. 275 ff. enthaltene Fragment einer Übersetzung des Werkes von Hita rührt von · Siegmund Seckendorf, einem trefflichen Kenner der spanischen und portugiesischen Litteratur her. Vgl. Varnhagen von Énse: Denkwürdigkeiten und vermischte Schriften. Leipz. 1843, B. IV. S. 12.

***) Auch diese wurden von Seckendorf übersetzt.

†) III. Bd. des Magazins in Dessau und Leipzig 1882, S. 1 ff.

††) Hans Sachs' Schwank vom „Fahrenden Schüler" gründet sich auf den nämlichen von Cervántes benutzten Volksschwank. — Zehn Jahre vor der Übersetzung Bertuchs spielte man 1772 eine Operette von Ch. J. Schwan: „Der Soldat als Zauberer", welche, wie das 1783 aufgeführte Lustspiel „Der Bettelstudent oder: Das Donnerwetter", aus Cervántes „Höhle von Salamanca" hervorgehen. Vgl. Dorer, Cervántes u. s. w. Anhang S. 28.

Tragödien „Iñez de Castro" der Portugiesen Domingo dos Reis Quita und Antonio Ferreira (S. 169 ff. Er zog auch einen Vergleich zwischen den beiden Tragödien S. 242 ff.), das Stück „Bristo" des Ferreira (S. 247 ff.) und einige Fragmente aus der portugiesischen Geschichte (S. 331 ff.), welche freilich nichts mit dem Theater zu tun haben.

Seit dem Tode von Dieze fühlte Bertuch wohl, daſs er der beste Kenner der spanischen Litteratur in seinem Lande war. Er bedauerte es, daſs in Deutschland nicht „viele Liebhaber und Verehrer" der fremden Muse zu finden waren. Er wollte, daſs auch das groſse Publikum sich für Spanien interessiere, und gab was Dieze versprochen hatte, heraus. In Leipzig erschien 1790 sein „Manual de la lengua española." Mit Hülfe dieses Handbuches, bemerkte Bertuch in der Vorrede und mit Zuziehung der Barthschen spanischen Grammatik,*) dürfte jeder im Stande sein, vollkommen Spanisch zu erlernen. Diese erste spanische Anthologie der Deutschen enthielt

---

*) Grammatiken zur Erlernung der spanischen und portugiesischen Sprache erschienen spät in Deutschland. Die von Bertuch (Vorrede zum „Manual" S. V) erwähnte „leichte spanische Grammatik des Herrn Direktor Barth in Schul-Pforte in der Kaiserlich- Buchhandlung zu Erfurth" (II. Ausgabe), ist wie ich vermute die in Rüdiger: Neuester Zuwachs der teutschen, fremden und allgemeinen Sprachkunde III. Stück, Leipzig 1784 S. 120 erwähnte spanische Sprachkunst von 1778. Hier heiſst es: „Zur spanischen Sprache hat in Erfurt die keyserliche Buchhandlung ein spanisch-teutsches Wörterbuch — — — angekündigt, wovon ein Theil Ostern, der andere Michaelis 84 erscheinen soll. Aber vermuthlich wird es von dem Verfasser der 1778 in diesem Verlag erschienenen Sprachkunst ausgearbeitet, der sich damit eben nicht viel ansehen erworben hat". — S. 121 wird eine von A. Meldola zu Hamburg bei Matthiesen angekündigte spanische und portugiesische Übersetzung von Sinaplus Kaufmannsbriefen zur Erlernung dieser Sprachen erwähnt. In der Übersetzung des Velázquez S. 126 empfahl Dieze die alte „Grammaire de Port-Royal" oder „Nouvelle Méthode pour apprendre facilement et en peu de temps la langue Espagnole" (Paris 1665) und die „Grammaire espagnole" des Abbé de Vayrac. — Was die Wörterbücher betraf, sollten sich die des Spanischen Beflissenen verschaffen den: „New Dictionary Spanish and English by Captain John Stevens" (London 1726) und den „Dictionaire Espagnol et Français, mis au jour par M. de Sejournant" Paris 1769. — Also sämtlich fremde und meist französische Hülfsmittel. Noch 1797 beklagte sich der Verfasser des interessanten Werkes: Spanien wie es gegenwärtig ist B. II S. 175, daſs es immer noch kein Spanisch-Deutsches Wörterbuch gebe und daſs man französische „sehr elende" Wörterbücher benutzen müſste. 1795 war doch das Spanisch-Deutsch und Deutsch-Spanische Handwörterbuch von E. A. Schmid, zweibändig, zu Leipzig erschienen.

— Grillparzer spricht in seiner Selbstbiographie (in Grillparzers Sämmtlichen Werken, Stuttgart 1872, B. 10 S. 67) von einer „uralten spanischen Grammatik", welche ihm in die Hände gefallen war, als er, durch die Übersetzungen Bertuchs angeregt, das Studium des Spanischen anfing, „so uralt, daſs sie selbst der Sprache Lope de Vegas und Calderons vorausging". Dieses antiquarische Stück ist mir weiter nicht bekannt.

Proben aus alten und neuen spanischen Dichtern und Prosais
Sie war für jene Zeit reichhaltig genug und enthielt unter and
eine Auswahl kastilischer Sprüchwörter,*) die „Delicias und Cantilen
seines Lieblingsdichters Don Estevan Manuel de Villegas (II.
S. 293 ff.), 67 aus den 80 Fabeln des Tómas de Yriarte (Teil
S. 235 ff.)**)

Bertuchs Pläne versprachen etwas Bedeutenderes als seine 3 Bä
des Magazins und seine Anthologie. Die Fortsetzung seines spanisc
und portugiesischen Theaters (Magazin B. III Vorrede), die beabsi
tigten Biographien der gröfsten spanischen Dichter (Magazin B. I S.

---

*) Manual de la lengua española. Leipzig 1790 T. I S. 213 ff.

**) Bemerkenswert ist, dafs Bertuch, der Übersetzer des Fray Gerundio de Camp
auch die ganz moderne Litteratur der Spanier berücksichtigte. Yriarte, mit Saman
einer der besten Fabeldichter der Spanier, war 1750 geboren und starb 1791. Über
A. de Tréverret: Un fabuliste Espagnol au XVIII siècle, Tomas Yriarte, Revue polit
et littéraire 1880, 13. Mai.

— Julius Speier hat nach Elisabeth Kulmann eine deutsche Übersetzung der Fa
Yriartes (Berlin 1882) geliefert.

— Nebenbei sei hier der Bewunderung Yriartes für Haydn gedacht. In seinem
kannten Poema de la Música (1779) (eine deutsche Übersetzung dieses Poemas, we
von Bertuch herrühren soll ist mir völlig unbekannt,) spricht er von dem Kultus den
Haydnsche Musik in Spanien erlangte:

„Honor de las Germánicas regiones
Tiempo ha que en ˙sus privadas Academias
Madrid á tus escritos se aficiona.
— — — — — — — Y cada dia
Con la inmortal encina te corona
Que en sus orillas Manzanares cria."

Noch enthusiastischer spricht Yriarte von Haydn in einer poetischen Epistel, we
bei weitem seinem langweiligen „Poema" vorzuziehen ist. Eine Stelle davon:

Háyden, músico alemán,
Compositor peregrino,
Con dulces ecos se lleva
Gran parte de mi cariño.
Su Música, aunque le falte
De voz humana el auxilio,
Habla, expresa las pasiones,
Mueve el ánimo á su arbitrio;
Es Pantomina sin gestos,
Pintura sin colorido,
Poesia sin palabras
Y Retórica con ritmo
Que el instrumento á quien Hayden
Comúnica su artificio,
Declama, récita, pinta,

Tiene alma, idea y sentido,
Si las diferentes voces
Corren por tonos distintos;
Si se alternan, si se imitan,
Si á un tiempo cantan lo mismo,
Si callan de golpe todas,
Si entran todas de improviso,
Si débiles van muriendo
Si resucitan con brio,
Solas, juntas, prontas, tardas,
Todas por varios caminos,
Excitan un mismo afecto
llevan un mismo designio
— — — — — — — —

die „auserlesene Folge der Werke der besten spanischen Prosaiker
und Dichter, in einer schönen, korrekten und wohlfeilen Ausgabe"
(Manual Vorrede VIII) kamen nicht zu Stande. Der Freund Wielands
hatte sich an die Spitze grofser industrieller Unternehmungen gestellt.
Mit der „Liebe zu den spanischen Musen, die ihn hoffentlich bis an
sein Ende begleiten" sollte (Manual Vorrede), verband er die Liebe
zu einem grofsen Vermögen. Er hatte viele Züge mit seinem litterarisch
und historisch weit bedeutenderen französischen Zeitgenossen Beau-
marchais gemein.

Nicht der Trieb nach exakter Forschung, nicht der unbefangene
Überblick über alle Vorzüge und Schwächen der fremden Litteratur
machen den Wert der spanischen Studien Bertuchs aus. Er war ein
blofser Dilettant, aber Dank seiner Dolmetscherrolle hat er wie Dieze
eine nicht geringe historische Bedeutung erlangt. An ihn wandten
sich auch die gröfsten deutschen Schriftsteller, um Etwas über Spanien
zu vernehmen. Er hat mit seinen Arbeiten zur Kenntnis der spanischen
Litteratur den Romantikern den Weg gebahnt. Er hat für sie einen
Teil des Schatzes gesammelt, welcher später unbedacht und ver-
schwenderisch vergeudet wurde. Seine beste Leistung, die Übersetzung des „Quijote" wurde freilich durch diejenige Tiecks überholt,
allein dennoch wurde sie allgemein gelesen und schon 1780—81 war
sie mit den schönen Stichen Chodowieckis zu Leipzig in zweiter Auflage
erschienen. Der Roman des Cervántes wurde zur Lieblingslektüre
der grofsen Dichter.*) Der heitere, frische, natürliche, goldene Humor
des Spaniers verbrüderte sich sozusagen mit dem tiefen Geist der
kantischen Philosophie und diente zur Erziehung der jungen Generation.
— Der Quijote war oft in den Händen Schillers. Im Juli 1794 bestellte
Schiller bei Cotta die „Bertuchsche Übersetzung des Don Quixote."**)
Der Protagonist in den „Räubern" hat manche Züge mit dem Roque
im „Don Quijote" gemein, und Schiller hat in seiner Selbstrezension
der Räuber (1782) den Einflufs Cervántes zugestanden.***) Als er im

---

*) Goethes Kenntnis des „Don Quijote" ist, meiner Ansicht nach, weiter zurück-
zuführen als bis auf die Übersetzung Bertuchs 1777. — Wenn im 5. Akt des „Triumphes
der Empfindsamkeit" der König Andrason den Sack empfindsamer Schriften verbrennen
will, so erinnert das gewifs an die bekannte Scene im VI. Kapitel des Quijote, allein
Goethe brauchte nicht erst durch die Übersetzung Bertuchs davon in Kenntnis gesetzt
zu werden, wie M. J. Jellinek in Goethe Jahrbuch B. X S. 239 vermutet. Vgl. auch
den 20. Schleswigschen Brief Gerstenbergs (S. 96 dieses Textes).

**) Vgl. Briefe von Schiller an Cotta, Stuttgart 1876 S. 17.

***) „Wofern ich mich nicht irre, dankt dieser seltene Mensch (Karl Moor) seine
Grundzüge dem Plutarch und Zervantes die durch den eigenen Geist des Dichters, nach

9

Jahre 1789 die Professur in Jena antrat schreibt er seiner Lotte: „Ich bin doch eigentlich nicht für das Volck gemacht, indessen denke ich hier wie Sancho Pansa über seine Statthalterschaft; wem Gott ein Amt giebt, dem giebt er auch Verstand."*)

„Ich will einmal Spanisch studieren" schrieb Herder Mitte August 1777 an seinen Freund Georg Hamann**). Mit diesem Vorsatz liefs sich der grofse Verklärer der Volks- und Urpoesie aller Nationen ein Jahr vor der Veröffentlichung seiner „Volkslieder" (Stimmen der Völker) von Bertuch im Spanischen unterrichten***). Der „Quijote" in irgend einer schlechten Übersetzung, deren Kenntnis er schon 1767 in den „Fragmenten über die neue deutsche Litteratur" bekundet†), der Name

Shakespearischer Manier in einem neuen, wahren und harmonischen Karakter unter sich amalgamiert sind", J. W. Braun, Schiller und Goethe im Urteile ihrer Zeitgenossen, I. Abt. I. B. S. 12 f. und Minor, Schiller, B. I S. 314 ff., welcher aber eine mir unbekannte Übersetzung des Quijote von Bode statt Bertuchs Übersetzung als Vorlage für Schiller angiebt.

*) Vgl. O. Brahm, „Schiller und Lotte" in „Nord und Süd", 1890 März S. 320 — Frau Schillers Kenntnisse der spanischen Litteratur werden im III. Teil dieser Arbeit berührt.

— Auch die Statthalterschaft Sanchos war damals in Deutschland längst bekannt. Ramler hatte schon 1748 seine langweilige Abhandlung über das Sprüchwort Sanchos „Wem Gott ein Amt giebt, dem giebt er auch den Verstand" vollendet. Vgl. S. 281.

**) Vgl. Herder Briefe an Joh. Georg Hamann, hersg. von Hoffmann Berlin 1889 S. 131.

***) Daselbst S. 135. Am 20. März 1778 schreibt Herder an Hamann: „Auch habe ich im Anfange des Winters aus Noth mich um etwas Spanisches bewerben müssen und einige Stunden mit Bertuch der selbst nicht viel kann, gelesen."

— Schon damals war Bertuch Herder antipathisch: „Ein artiges Männchen" nannte Caroline Herder Bertuch als dieser bereits „alle seine Freundschaft und Dienste" angeboten hatte. — Wenige Jahre später fafste Herder gegen seinen Lehrer des Spanischen einen bitteren Hafs. Am 29. August 1787 schreibt Schiller von Weimar aus an Körner: „Bertuch und Herder hassen einander wie die Schlange und des Menschen Sohn. Bei Herder geht es so weit, dafs sich alle seine Züge verändern sollen, wenn Bertuchs Name genannt wird." Vgl. Schillers Briefwechsel mit Körner, T. I S. 166 f.

†) Vgl. Herders Werke, hrg. von Suphan B. I S. 353 u. B. II S. 278. — Ein Urteil über den Quijote fällte Herder im Jahre 1771 während seines Bückeburgischen Aufenthalts. Er fand in den Land- und Verliebten Scenen etwas „Sonderbares, Halffeenmäfsiges, Spanisches und Zauberhaftes, was überhaupt Ansicht des Landes und Charakter dieser Scenen seyn mufs, da ich eben die Empfindung noch neulich durch eine Reise durch Spanien durchgehend angetroffen." — Welche Reise hier Herder meint, weifs ich nicht. — Mit dem Charakter des Haupthelden war Herder nicht ganz zufrieden, er fand aber den „ruhigen, guten, glücklichen Sancho" „mit alle seinem Zeuge von leibhafter Empfindung" sympathisch. — Den 2. Teil des Quijote fand Herder nicht lesbar, „Er ist nicht von demselben Verfasser. Die kleinen Zwischen-Geschichten sind hier wie im Gilblas das schönste im kleinen." — Vgl. M. Caroline v. Herder: Erinnerungen u. s. w. T. I S. 228. — Etwas über Spanien und Portugal konnte Herder damals aus dem Munde des Grafen Wilhelm von Schaumburg-Lippe vernehmen.

Lopez de Vega, der sonderbarer Weise in Gesellschaft mit Pulci und
Ariost als Vertreter der katholischen Richtung der romantischen Poesie
ebenfalls in den Fragmenten erscheint*), das Bewufstsein, dafs Spanien
eine Nation reich an grofsen Geistern, welche von den Franzosen des
17. Jahrhunderts ausgenutzt worden war, und reich an Volksromanzen
sei**), — so weit erstreckten sich die Kenntnisse Herders in der
spanischen Litteratur, bevor er das Studium der spanischen Sprache
begann. Bertuch konnte ihm nur den rohen·sprachlichen Stoff liefern.
Herder aber lag die Seele, der innere Kern des fremden Volkes am
nächsten. Auch besafs jede Kunstpoesie für Herder keine eigentliche
Bedeutung, wenn sie nicht ein nationales Gepräge trug. Homer,
Ossian und Rousseau hatten seine Welt von Empfindungen bestimmt.
Er war mit den Gaben eines Epikers geboren. Er fühlte sich als
ein Apostel jedes reinen Humanitätsideals und blickte mit gleicher
psychologischer Tiefe in den Geist eines Menschen, wie in den Geist
eines ganzen Volkes. Keine Sprachschwierigkeit erschreckte ihn, keine
dichterische Gattung hielt ihm ihre Geheimnisse verschlossen, alle Töne,
auch die feinsten, ätherischen Melodien vernahm er aus der fremden
Muse. — Nicht die dilettantische Lust eines Sammlers, das Bedürfnis
des Verkündigens viel mehr leitete ihn unter anderem zur spanischen
Dichtung.

In Spanien wäre für Herder leicht zu schöpfen gewesen, wenn
ein Duran schon damals ihm vorgearbeitet hätte. So mufste ihm
Gleim zunächst für einige spanische Romanzen sorgen***). Er benutzte für seine Volkslieder den in der Weimarer Bibliothek befind-
lichen und von Bertuch später auch verwendeten „Cancionero de
romances" in der Antwerper Ausgabe von 1568 sowie einige Lieder
von Góngora und Gil Polo, und die schönen, teils echten, teils unechten

---

*) Herder, Werke B. I S. 266.
**) Vgl. „Journal meiner Reise", H. Werke B. II S. 90 und auch B. I S. 266.
***) Vgl. R. Haym, Herder nach seinem Leben und seinen Werken, B. II, Berlin
1885 S. 90. — Von Weimar aus, den 22. Dezember 1777, schreibt Herder an Gleim,
seinem lieben „Vater in Apollo", er möchte ihm jene alten spanischen Romanzen schicken,
welche einst Meinhardt mitgeteilt hatte. „Der Himmel wolle, dafs es nur leihweise geschehen sei und dafs Sie es mir, der ich weder M. Menardo noch Don Maynardo (derartige beabsichtigte Namensverdrehungen erlaubte sich Herder bekanntlich sogar mit einem
Goethe) bin, auch mittheilen." Gleichzeitig bittet ihn Herder um die Romanzen (Romances liricos) des Góngora. Vgl. Von und an Herder B. I S. 59 f. — Auch August
von Einsiedel, später als Übersetzer Calderons bekannt, wurde gleichzitig um Romanzen
gebeten. Von und an Herder B. II S. 361.

9*

Romanzen in den „Guerras civiles" des Ginez Perez de Hita. Ahnte
Herder schon damals, dafs Spanien im Gegensatz zu allen übrigen
romanischen Nationen seine Originalität und seine Gröfse in der Litteratur den Volksliedern, den Romanzen verdankt? Wufste er, dafs
auf den Grundsteinen dieser Nationalgesänge das stolze Gebäude der
spanischen Dramatik ruht? Gewifs ist, dafs Herder in seinen Liedern
Spanien einen viel gröfseren Platz als Frankreich und Italien einräumte.
„Aufser dem Italienischen" sagt er in der Vorrede (Stimmen der Völker
in Liedern . . Herders Werke, Berlin Hempel, V. T. S. 17) „kenne ich
keine neuere Sprache die niedlichere lyrische Kränze flechte als
Iberiens Sprache, die überdies noch mehr klinget als jene". In Spanien
blüht ein „ganzes Hesperien" von Romanzen und Liedern. Dort „sind
Haine von Blumen und süfsen Früchten, die verkannt und in Öde
blühen"*). Ausschliefslich echte Volkslieder hat Herder nicht geliefert**). Doch ist seine Wahl auch unter den Kunstromanzen eine
vortreffliche.

So ist doch ein Stück spanischer Seele in das epochemachende
Werk Herders aufgenommen worden. Wunderbar hat Herder den
Ton der spanischen Romanzen, weit besser als Meinhardt, Schiebeler,
Gleim, Jacobi, Bertuch getroffen. Er ist vor Schlegel und Tieck der
erste wahre Übersetzer der Spanier. Denn Übersetzen heifst nicht,
wie bei Bertuch, den genauen Wortsinn des Originals wiedergeben,
es heifst, den fremden Geist, das fremde Gefühl in die heimische
Sprache kleiden. Wie Haydn und Händel, seine Lieblinge unter den
Tonkünstlern, verstand Herder die Polyphonie der Töne in ihren
mannigfaltigen Verschlingungen zu beherrschen. Er hat überall volle
und majestätische Akkorde erzielt. Ganz besonders auf dem Gebiet
der Romanze konnte auf Herder noch in späteren Jahren die spanische Litteratur anziehend wirken. Als es sich um die Erweiterung
seiner Volkslieder handelte, sah er sich nach neuem Material um und
erhielt im September 1787 vom Kustos der Göttinger Bibliothek den
„Cancionero general", Madrid 1604.***) Auch bei seinem Aufenthalte
in Italien sehen wir Herder mit etwas Spanischem beschäftigt. Von
Rom aus schreibt er an Knebel den 15. Dezember 1788: „Ich lese

---

*) Vgl. auch C. v. Herder, Erinnerungen T. II S. 217. „Wie viel goldene Äpfel,
sagte er, hangen an jenen Bäumen, in jenen Gärten — und so verborgen und unbekannt."
**) Die echten spanischen Volkslieder in den „Stimmen der Völker" wurden schon
durch Ebert, D. V. S. 97 bezeichnet.
***) Vgl. Redlich, Anmerkungen zu Herders Werken Bd. XXVIII S. 567.

jetzt ein spanisches Manuscript vom Ideal-Schönen, und sehe, was es mit dem Schreiben für ein elendes Ding ist".*)

In Herders Humanitätsideal spielte Spanien eine bedeutende Rolle. In Spanien, meinte er, entzündete sich der „erste Funke einer wiederkommenden Kultur".**) Er dachte mit tiefer Überzeugung, wie der spanische Abt Andres in seinem Werke: „Dell' origine, progresso e stato attuale d'ogni letteratura" (1782—99), dafs Spanien die Wiege der modernen Poesie gewesen sei. Aus der Bekanntschaft mit maurischen Sitten, mit maurischer Galanterie war für Herder die provenzalische Dichtung entstanden,***) ein Irrtum, welcher zu jener Zeit allgemein eingewurzelt war. Aber wie vortrefflich charakterisiert Herder doch in seinen „Briefen zur Beförderung der Humanität" die spanische Poesie, und wie sehr war er überzeugt davon, dafs in ihrem ritterlichen, nationalen, christlichen Kerne ihre Genialität bestand. †) „Sie war stolz", sagt er, „und blieb zu Hause, brachte aber in ihrer schönen Wüste unter manchem Sonderbaren und Abenteuerlichen edle Früchte" (Bd. XVIII S. 56). „Sie stehet zwischen der Italiänischen und altrömischen in der Mitte: an Majestät und Würde der Mutter ähnlicher, als eine ihrer Schwestern; voll Wohlklanges für die Musik,

---

*) Vgl. Knebel: Litterarischer Nachlafs. Leipzig 1840 Bd. II S. 104.
— Über dieses spanische Manuskript vom Ideal-Schönen weifs ich keine Auskunft zu geben. Wahrscheinlich erhielt er es von dem spanischen Gesandten in Rom, den er einen Monat vorher kennen lernte und dem gegenüber er wohnte. — Vgl. Herder: Reise nach Italien. — Herders Briefwechsel mit seiner Gattin, hrsg. von Düntzer und J. G. von Herder. Giefsen 1859 S. 176 u. S. 178. — F. Zehender in seinem Aufsatze: Herders italienische Reise. Programm, Zürich 1882, behauptet (S. 20) freilich sehr unbegründet, Herder habe in Rom „mit einigen Spaniern Bekanntschaft gemacht, die ihn mehr als die Italiener interessieren".

**) Herder: Briefe zur Beförderung der Humanität (7. Sammlung s. H. W. S. Bd. XVIII. S. 222.

***) Herder: Briefe u. s. w. Bd. XVIII S. 34 f.: „Ohne Zweifel war die Nachbarschaft dieses gebildeten Volkes (der Mauren) mit andern eine Ursache, dafs unter dem gleichschönen Himmel von Valenzia, Catalonia, Arragonien und den südlichen Provinzen Frankreichs sich die sogenannte Provenzal- oder Limosinische Sprache auch aus der Barbarei rifs und eine frische Blüthe, die provenzalische Dichtkunst hervorbrachte". — Herder scheint auch Eichhorn von seiner ganz anderen Aufflassung über den Ursprung der provenzalischen Poesie überzeugt zu haben.
Vgl. auch einen Brief von Eichhorn an Herder vom 9. Oktob. 1796. Von und an Herder Bd. II S. 308. — Von den spanischen Romanzen dachte Herder Bd. XVIII S. 31, sie seien „vielleicht nach gothischen Volksliedern geformt".

†) Bd. XVIII S 55: „Es ist die Idee eines christlichen Ritterthums, den Heiden und Ungläubigen entgegen", welche nach Herders Meinung den Charakter aller spanischen Werke ausmacht.

und in dieser fast eine heilige Kirchensprache". — Den „eigentlichen
Roman" hat Herder in der „Adrastea" für die Spanier vindicirt.
„Die Verwicklungen, das Abenteuerleben, von dem ihre Romane voll
sind, macht ihr Land hinter dem Gebürge, die schöne Wüste unserer
Phantasie zu einem Zauberlande.*) Arabisches Blut fliefst in den
Adern der Spanier. Sie sind ‚veredelte Araber‘, auch ihre Thorheit
hat etwas Andächtiges und Erhabenes".**) Dafs Herder niemals unter-
lassen hat, seine Spanier bei passender Gelegenheit zu erwähnen, ist
selbstverständlich. Er spricht von den Schelmenromanen und von
Don Gerundio (Bd. XXIII S. 294 — Bd. XXIV S. 364), von Camoens
und Ercilla (Bd. XVIII S. 65 — Bd. XXIV S. 364), von Lope und
Garcilaso (Bd. XVIII S. 96) und bewundert den Edelmut des Bartolomé de las Casas (Bd. XVIII S. 237), aber sein Liebling blieb Cervántes,***) ein Liebling wie Homer. Er wird unter den allergröfsten
Dichtern erwähnt (Bd. XVIII S. 57, S. 114), er hat für Herder „die
erste aller komischen Epopeen Europas" gedichtet".†)

Die Entstehungsgeschichte des Herderschen „Cid" ist, nachdem
schon durch die Einleitung von Damas Hinard in seinem „Romancero

---

*) Herders „Adrastea". — Bd. XXIII S. 294 und schon in den „Briefen zur Be-
förderung der Humanität" Bd. XVIII S. 56: „Ihre Erzählungen, Theaterstücke und Romane sind voll Verwickelungen, voll Tiefsinnes (sic!) und bei vielem Befremdenden
voll feiner und grofser Gedanken". — Er lobte hier zugleich die „scharfsinnigen"
Sprüchwörter im Spanischen und betonte in dem „Briefe, den Charakter der deutschen
Sprache betreffend" Bd. XXIV S. 393, dafs eine häufigere Verwendung der Sprüchwörter:
„muntere oder aufmunternde Sprüchwörter, römische oder spanische refranes", die
deutsche Schreibart bedurfte. „Sie athmen Ehre und Anstand, Abscheu vor Niederträchtig-
keit und Ehrlosem Gehorsam". Vgl. S. 400 ein Lob von Sanchos Sprüchwörterweisheit.

**) Bd. XVIII S. 56, Adrastea Bd. XXIII S. 294: „Ihr Land und Charakter, ihre Ver-
wandtschaft mit den Arabern, ihre Verfassung selbst, ihr stolzes Zurückbleiben in Manchem,
worauf die europäische Cultur treibt, macht sie gewissermafsen zu europäischen Asiaten".
Man liebte ja zur Zeit Herders und noch in unseren Tagen lieben es noch Einige,
irrtümlicher Weise auf das Arabertum der Spanier Gewicht zu legen.
— Goethe selbst sagte von Calderon, dafs er „seine arabische Bildung" „nicht ver-
leugne".

***) Nach einem Citate im Spanischen aus dem „Don Quijote" (Adrastea T. I)
Bd. XXIII S. 177 scheint Herder den Roman des Cervántes auch in seiner Originalsprache gelesen zu haben.

†) Adrastea Bd. XXIV S. 364 im Gespräche: Von der komischen Epopee als
einem Korrektiv des falschen Epos.
— Dorer in seiner sehr unvollständigen, unkritischen Arbeit über Cervántes u. s. w. repro-
duziert (S. 10 ff.) das ganze Gespräch Herders: „Wer war der gröfseste Held? Wer
der billigste Gesetzgeber?" (natürlich ohne Quellenangabe, vgl. Adrastea, V. Stück
Bd. XXVIII S. 409 ff). Es ist die Übersetzung Herders, eines Zwischengesprächs von
Brooke's Fool of Quality. (London 1767 T. I S. 149 ff.).

general" (Paris 1844) und durch eine Anmerkung in der „Légende
du Cid" von Emmanuel de Saint-Albin einiges Licht darauf gefallen
war, endlich 1867 durch die bedeutende Schrift Reinhold Köhlers
vollkommen aufgeklärt. An Köhlers „Herders Cid und seine französische Quelle" (Leipzig 1867) knüpfte sich die verdienstvolle Veröffentlichung von A. Salomon Vögelin: „Herders Cid, die französische und
die spanische Quelle" (Heilbronn 1879). Die Untersuchung des „Cid"
wurde dadurch bis ins Einzelne durchgeführt. Jedermann weiſs, daſs
Herder zum allergröſsten Teil nicht aus spanischen, sondern aus
französischen Quellen geschöpft hat, daſs sein Cid eine metrische Verdeutschung der Cidromanzen ist, welche ein Anonymus, in dem man
später den phantastischen Schriftsteller Couchut hat erblicken wollen*),
im 2. Juliheft der „Bibliothèque universelle des Romans" von 1783 ins
Französische übersetzt hatte. Und doch blickt man noch heutzutage
auf Herders „Cid" wie auf ein originales, deutsches Meisterwerk.
Doch verdankt Herder seine gröſste Popularität eben dieser Übersetzung selbst. So sehr vermag die wirkliche tiefempfundene Poesie
sich über alle sprachlichen Intermedien emporzuschwingen.**) Und
wie bemühte sich Herder, der Cidromanzen im spanischen Original
habhaft zu werden. Wie schwer war es ihm nach vergeblichen An-
fragen in Göttingen, den „Romancero de Escobar", die Urquelle selbst,
entbehren zu müssen, und wie dringlich bat er seinen Freund Knebel
um die „kleinen Cancioneros", wie sie auf den Gassen verkauft werden,
mit der Geschichte des valeroso „Cid, Conde de Bivar!"***) Mit dem
Cid hat Herder sein dichterisches Schaffen geschlossen. Er endigte
mit einer deutschen Verkündigung des unvergänglichen spanischen
Romanzencyklus. Er hatte predigend, geistaufschlieſsend, episch angefangen. In den letzten trüben Tagen wurde die Arbeit am „Cid" eine Er-
holung, ein Trost für den Dichter. Das Stück in der „Adrastea" erschien 1804,
der ganze „Cid" erst ein Jahr später, als Herder nicht mehr am Leben war.

---

*) Vgl. Romania B. VIII S. 477 bei Anlaſs der Anzeige von Vögelins Buch. —
Wirkliche Beweise für die hier aufgestellte Vermutung sind nicht geliefert worden.
**) Vögelin sagt in der Vorrede zu seiner Zusammenstellung S. VIII: „Ja man darf
wol sagen, daſs Herder bei disem sachverhalt, ein gröſseres kunstwerk geschaffen, als
wenn er den spanischen grundtext zu folgen gehabt hätte".
***) Vgl. Köhler, Herders Cid S. 13. Haym, Herder B. II, S. 819, wo auch von
einigen spanischen Büchern, welche ihm Einsiedel sandte, die Rede ist. Heyne sandte
ihm die „Coleccion de poesias castellanas" des Antonio Sanchez, bereits als Herder mit
dem ersten Teil des Cid in der „Adrastea" fertig war. Haym, B. II, S. 820 handelt
auch von den Romanzen, welche Herder von Frau von Berg empfing, und von Herders
vergeblichem Nachsuchen in der Dresdner Bibliothek.

Dafs dies „Vermächtnis des Scheidenden an seine Nation"*) wiederum ein Stück spanischer Poesie war, ist für uns von grofser, historischer Bedeutung. Die Romantiker, welche in gewissem Sinne als Herders Erben zu betrachten sind, haben teils vor, teils nach dem Erscheinen des Cid seine Bahn betreten. Sie haben der deutscher Poesie, dem deutschen Geiste neue Horizonte eröffnet. Mit ihrem Hang zum Mittelalter, mit ihrer Verherrlichung alles Ursprünglichen, alles Urwüchsigen, Uneingeschränkten, mit ihrer Liebe zu den mächtigen Kontrasten und zu allen Stufen von Farben, Rhytmen und Tönen, durchforschten sie das längst verlassene Feld der alten Germanenkultur, verknüpften sie mit Shakespeare und sorgten für die poetische Verbrüderung südlicher und nordischer Völker. Spanien war recht das Land für ihre inbrünstigen Träume. Das Rittertum, das mystisch Religiöse war dort daheim. Und alles lebte dort in der herrlichsten dichterischen Vergangenheit. Die Romantiker fanden dort ihr Ideal verwirklicht. Sie nährten dort ihre Phantasie bis zur Übersättigung. — An ihrer Spitze aber mit einem viel gesunderen Kerne steht Herder. Ein leicht entzündbares Gemüt, der Drang und die Glut des Südens, das melancholisch Erhabene in seinem Wesen, das prophetenhaft Majestätische in der Rede, auch ein gewisses ehrgeiziges Auftreten und die unfreiwillige Ironie, vor allem aber sein Edelmut und die ritterliche heldenhafte Begeisterung mögen ihn in verwandtschaftliche Beziehung zu den Spaniern stellen. In einem Briefe vom Jahre 1772 sprach Herder seine Liebe für Spanien aus: — „Man wird so ruhig und sanft auf den spanischen Feldern", sagt er darin, „wir wollen einmal so zu leben suchen. Es ist in dem halb abenteuerlichen Spanischen, so was Süfses, dafs ich mir in Manchem, statt unseres deutschen Phlegma, den Charakter wünsche"**). Deutsches Phlegma besafs wohl Herder nicht, aber eine deutsche, grofse, weitempfängliche poetische Seele, welche derjenigen Lessings ebenbürtig ist. Und neben Lessing war dieser Heros der Menschheit der zweite im Bunde der souveränen Dichter Deutschlands, welche Spanien und seine Litteratur zu schätzen und zu lieben wussten.

---

*) Haym, Herder Bd. II S. 819. — Nicht ganz passend, scheint mir, drückt sich Haym aus, wenn er (S. 821) von Herder sagt, er habe mit den Cidromanzen etwas Ähnliches getan wie Macpherson mit dem Ossian.

**) M. C. von Herder: Erinnerungen, Teil I S. 228.